国家出版基金项目
NATIONAL PUBLICATION FOUNDATION

"十四五"国家重点图书出版规划项目

中国语言文化典藏系列　组委会

主　任

田学军

执行主任

田立新

成　员

宋　全　杨　芳　刘　利　郭广生　顾　青
张浩明　周晓梅　刘　宏　王　锋　余桂林

中国语言资源保护工程

中国语言文化典藏系列　编委会

主　编

曹志耘　王莉宁　李锦芳

委员（音序）

郭　浩　何　瑛　黄成龙　黄拾全　李云兵

刘晓海　苗东霞　沈丹萍　王　锋　严修鸿

杨慧君　周国炎　朱俊玄

中国语言文化典藏·互助土族语

曹志耘 王莉宁 李锦芳 主编

韩国君 乔志良 奈日斯格 著
太平 超日雅

商务印书馆
The Commercial Press

序

随着现代化、城镇化的快速发展，我国的语言方言正在迅速发生变化，而与地域文化相关的语言方言现象可能是其中变化最剧烈的一部分。也许我们还会用方言说"你、我、他"，但已无法说出婚丧嫁娶各个环节的方言名称了。也许我们还会用方言数数，但已说不全"一腘穷，两腘富……"这几句俗语了。至于那些世代相传的山歌、引人入胜的民间故事，更是早已从人们的生活中销声匿迹。而它们无疑是语言方言的重要成分，更是地域文化的精华。遗憾的是，长期以来，我们习惯于拿着字表、词表去调查方言，习惯于编同音字汇、编方言词典，而那些丰富生动的方言文化现象往往被忽略了。

2017年，中共中央办公厅、国务院办公厅《关于实施中华优秀传统文化传承发展工程的意见》首次提出"保护传承方言文化"。2020年，国务院办公厅《关于全面加强新时代语言文字工作的意见》明确提出"科学保护方言和少数民族语言文字"。语言方言及其文化的保护传承写进党和政府的重要文件，具有重要的历史意义。党中央、国务院的号召无疑是今后一个时期内，我国语言文字工作领域和语言学界、方言学界的重要使命，需要我们严肃对待，认真落实。

中国语言资源保护工程于2015年启动，已于2019年顺利完成第一期建设任务。针对我国传统语言方言文化现象快速消失的严峻形势，语保工程专门设了102个语言文化调查点（包括25个少数民族语言文化点和77个汉语方言文化点），按照统一规范对语言方言文化现象开展实地调查和音像摄录工作。

为了顺利开展这项工作，我们专门编写出版了《中国方言文化典藏调查手册》（商务印书馆，2015年）。手册制定了调查、语料整理、图册编写、音像加工、资料提交各个阶段的工作规范；并编写了专用调查表，具体分为9个大类：房屋建筑、日常用具、服饰、饮食、农工百艺、日常活动、婚育丧葬、节日、说唱表演，共800多个调查条目。

调查方法采用文字和音标记录、录音、摄像、照相等多种手段。除了传统的记音方法以外，还采用先进的录音设备和录音软件，对所有调查条目的说法进行录音。采用高清摄像机，与录音同步进行摄像；此外，对部分语言方言文化现象本身（例如婚礼、丧礼、春节、元宵节、民歌、曲艺、戏剧等）进行摄像。采用高像素专业相机，对所有调查条目的实物或活动进行拍照。

这项开创性的调查工作获得了大量前所未有的第一手材料。为了更好地保存利用这批珍贵材料，推出语保工程标志性成果，在教育部语言文字信息管理司的领导下，在商务印书馆的鼎力支持下，在各位作者、编委、主编、编辑和设计人员的共同努力下，我们组织编写了《中国语言文化典藏》系列丛书。经过多年的努力，现已完成50卷典藏书稿，其中少数民族语言文化典藏13卷，汉语方言文化典藏37卷。丛书以调查点为单位，以调查条目为纲，收录语言方言文化图片及其名称、读音、解说，以图带文，一图一文，图文并茂，EP同步。每卷收图600幅左右。

我们所说的"方言文化"是指用特殊方言形式表达的具有地方特色的文化现象，包括地方名物、民俗活动、口彩禁忌、俗语谚语、民间文艺等。"方言文化"是一个新的研究领域，需使用的调查、整理、加工方法对于我们当中很多人来说都是陌生的，要编写的图册亦无先例可循。这项工作的挑战性可想而知。

在此，我要向每一个课题的负责人和所有成员道一声感谢。为了完成调查工作，大家不畏赤日之炎、寒风之凛，肩负各种器材，奔走于城乡郊野、大街小巷，记录即将消逝的乡音，捡拾散落的文化碎片。有时为了寻找一个旧凉亭，翻山越岭几十里路；有时为了拍摄丧葬场面，与送葬亲友一同跪拜；有人因山路湿滑而摔断肋骨，住院数月；有人因贵重设备被盗而失声痛哭……。在面临各种困难的情况下，大家能够为了一个共同的使命，放下个人手头的事情，不辞辛劳，不计报酬，去做一项公益性的事业，不能不让人为之感动。

然而，眼前的道路依然崎岖而漫长。传统语言方言文化现象正在大面积地快速消逝，我们在和时间赛跑，而结果必然是时间获胜。但这不是放弃的理由。著名人类学家弗雷泽说过："一切理论都是暂时的，唯有事实的总汇才具有永久的价值。"谨与大家共勉。

曹志耘

2022年4月13日

目录

序

引 言　　　　　　　　　1
　一　互助土族自治县　　2
　二　土族语　　　　　　4
　三　凡例　　　　　　　13

壹·房屋建筑　　　　　　17
　一　住宅　　　　　　　20
　二　其他建筑　　　　　46
　三　建筑活动　　　　　59

贰·日常用具　　　　　　65
　一　炊具　　　　　　　68
　二　卧具　　　　　　　82
　三　桌椅板凳　　　　　85
　四　其他用具　　　　　87

叁·服饰　　　　　　　　99
　一　衣裤　　　　　　　102
　二　鞋帽　　　　　　　110
　三　首饰等　　　　　　116

肆·饮食　　　　　　　　125
　一　主食　　　　　　　128
　二　副食　　　　　　　137
　三　菜肴　　　　　　　141

伍·农工百艺　　　　　　149
　一　农事　　　　　　　152
　二　农具　　　　　　　166
　三　手工艺　　　　　　178
　四　商业　　　　　　　186
　五　其他行业　　　　　190

陆·日常活动　193

- 一　起居　　196
- 二　娱乐　　201
- 三　信奉　　220

柒·婚育丧葬　229

- 一　婚事　　232
- 二　生育　　251
- 三　丧葬　　253

捌·节日　261

- 一　春节　　264
- 二　其他节日　274

玖·说唱表演　277

- 一　俗语谚语　280
- 二　歌谣　　284
- 三　故事　　307

调查手记　312

参考文献　320

索　引　321

后　记　330

引言

一 互助土族自治县

互助土族自治县（以下简称"互助县"）位于青海省东部，是青海省海东市下辖县，坐落于北纬36°30′—37°9′和东经101°46′—102°45′之间。北倚祁连山脉达坂山，南以湟水为界，与海东市平安区相望。县境南北宽约64公里，东西长86公里，总面积3423.9平方公里。境内最高海拔4200米，最低海拔2100米。互助县是全国唯一的土族自治县，下辖高寨街道、威远镇、丹麻镇、南门峡镇、加定镇、五十镇、五峰镇、塘川镇8个镇，红崖子沟乡、哈拉直沟乡、东山乡、东和乡、东沟乡、林川乡、台子乡、西山乡、蔡家堡乡9个乡，松多藏族乡、巴扎藏族乡2个民族乡。根据全国第六次人口普查数据（2010年），全县总人口为370 540人，其中汉族278 577人、土族62 745人、藏族22 012人、回族6999人、蒙古族131人、满族51人、维吾尔族7人、朝鲜族5人、东乡族5人、白族3人、壮族4人、苗族1人。多民族聚居的互助县，2018年12月被国家民委命名为第六批"全国民族团结进步创建示范区（单位）"。

互助县地处祁连山脉东段，处于黄土高原和青藏高原交错地带，气候较为干旱多风，雨量秋季集中，冬季寒冷降水少。土地资源广阔，物质资源丰富，以农耕为主要生产方式，大豆、蚕豆、青稞、土豆、麦子、油菜是当地主要的农作物。牦牛、"八眉猪"繁殖较多，是青海省牛、猪之优良品种，威远镇的"天佑德"青稞酒驰名国内外。

互助地区历史悠久，自古以来就是多民族交流、交往、交融之地。从西汉至清代，互助历属羌、安夷、西都、鄯城等。民国时期，互助地区受西宁总兵官马麒管制，民国十八年（1929年）1月，青海建省，互助地区归青海省西宁县辖。1949年9月12日，互助县解放，隶属青海省人民政府。1960年4月5日—1961年8月，互助县隶属西宁市。1961年8月15日—1978年9月，为青海省直属县。1978年10月19日，青海省成立海东行署，互助县隶属海东行署。现在属于青海省海东市。

互助地区经历了几个朝代的不同时期，同时，众多民族和部落在这里留下了深深的文化印记。新中国成立后，各民族在此和谐共处，和睦共融，共同建设美好家园，共同创造独具特色的地方风情。土族"安召舞""轮子秋""土族婚礼"为代表的国家级非物质文化遗产具有鲜明的地方特色和深厚的文化底蕴。当地发展农牧业、工业、矿业、旅游业，该县政治、经济、文化中心的威远镇早已成为国家5A级景区，热情好客的互助县人民敞开怀抱迎接国内外众多游客，旅游业为当地发展注入了强大活力。

互助县各族人民团结奋斗，勤劳致富，为地区经济文化事业发展和民族团结进步贡献了强大力量。立足新发展阶段，互助县各民族群众将在党的坚强领导下坚决贯彻新发展理念，加快构建新发展格局，为互助县高质量发展共同书写新篇章。

二 土族语

（一）概述

土族语是阿尔泰语系蒙古语族语言，属于黏着型语言。土族语一定程度上还保留着在现代蒙古语中已经消失的古代蒙古语词语。由于受藏传佛教的影响，借入不少藏语词语，又由于和汉族长期居于一地，在日常生活方面借入了很多汉语词语。

土族语分互助和民和两大方言。其中，互助方言分布在青海省互助县、大通县、乐都区、门源县和甘肃省天祝县、永登县等地；民和方言分布在青海省民和县黄河岸边的官亭、中川、赵木川等三川地区。两种方言之间的差别比较大，语音上的主要区别在于互助方言的元音长短对立，而民和方言只有短元音，没有与之相对应的长元音；在词汇上，互助方言受藏语影响较大，而民和方言受汉语影响较大。从蒙古语族诸语言之间的相互关系看，土族语比较接近东乡语、保安语和东部裕固语。

土族有自己的文字。1956—1959年间，国家组织大规模的少数民族语言调查，对国内各少数民族的语言进行了深入细致的调查，在此基础上，为土族创制了基于斯拉夫字母的文字，但因故未能推广。1979年，在青海省民委倡导和支持下，创制了基于拉丁字母的土族文字方案，即《土文方案（草案）》。该《方案》参照汉语拼音方案，以拉丁字母为文字形式，以互助方言为基础方言，以互助县东沟乡语音作为标准音点。1980年起，该《方案》在互助土族自治县试行。

（二）辅音与元音

1. 辅音

土族语互助方言有 /p/、/ph/、/t/、/th/、/k/、/kh/、/q/ 7 个塞音音位；/f/、/s/、/ʂ/、/ɕ/、/x/ 5 个擦音音位；/tɕ/、/tɕh/、/ts/、/tsh/、/tʂ/、/tʂh/ 6 个塞擦音音位；/m/、/n/、/ŋ/ 3 个鼻音音位；1 个边音音位 /l/；1 个闪音音位 /r/；3 个滑音音位 /ʋ/、/w/ 和 /j/。

/p/ 有 [p]、[β]、[ɸ]、[p̚] 4 个变体。以出现位置和次数较多的 [p] 作为典型变体，[β]、[ɸ]、[p̚] 为条件变体。例如：[pɐs]（虎）、[tɐɸsə]（盐）、[khɐːβʒə]（脆的）、[kɐkɐpˈtɕhə]（小指）。

/ph/：以词首单辅音形式出现。例如：[phʌtɐ]（容纳）。

/t/：主要做词首单辅音、复辅音后置辅音。例如：[tɐːxɐ]（马驹）。

/th/：主要做词首单辅音、复辅音后置辅音，或多出现在词中音节首。例如：[thoːliː]（兔；卯）。

/k/：做词首单辅音、复辅音后置辅音，或出现于词中音节首。例如：[keʒ]（房）。

/kh/：主要做词首单辅音、复辅音后置辅音，或多出现在词中音节首。例如：[khiː]（风）。

/q/ 有 [q]、[χ]、[ʁ] 3 个变体。以词首的 [q] 作为典型变体，[χ] 和 [ʁ] 为邻音条件变体。[q] 可以出现在词首和词中，词首主要以单辅音和同 [s]、[x]、[ʒ] 等辅音组合的复辅音后置辅音形式出现。例如：[qɐl]（火）、[sqɐl]（胡须）。词中主要出现在重读音节首。例如：[ʁsqʊ]（借）、

[ɐɽəlqɐ]（清扫，清除）；[ʁ] 主要出现于词中非重读音节首，而且前接音节以元音或 [n]、[ŋ]、[l]、[r]、[ʒ] 等浊辅音结尾。例如：[tuʁuloʊ]（瘸子）、[pɐlʁɐɽə]（墙，围墙）；[χ] 出现在词中非重读音节首、音节末和词末。非重读音节首可以与 [ʁ] 自由替换。例如：[tɐχɐːtɕin]（随从，护卫）。音节末主要出现在 [t]、[tɕ]、[tɕh]、[ts]、[s]、[ʂ] 等清辅音起始的音节前。例如：[nɔχtoː]（马笼头）。

/f/：主要出现在词首位置。例如：[foːtə]（星星）、[fumukiː]（臭；发臭的；狐臭）；少数词中也可以出现在词中音节首，例如：[phoːfɐʁəː]（发愁，忧愁）。

/s/：词首以单辅音形式和复辅音前置辅音形式出现。例如：[suː]（脓）、[sɐm]（梳子）；词中主要在音节首出现。例如：[losə]（饿）。少数词中可以出现在音节末。例如：[oːsku]（肺）。词末只出现在单音节词中。例如：[pɐs]（虎）。

/ʂ/：主要出现在词首复辅音前置辅音位置。例如：[ʂtɐ]（能；胜；赢）、[ʂtə]（牙，齿）、[ʂtoːku]（年老的，老的）。少数词中也做词首单辅音，或出现于词中位置。例如：[ʂəutɐ]（教唆，唆使）、[mɐʂtɐː]（忘记）。

/ɕ/：词首可做单辅音和复辅音前置辅音。例如：[ɕinə]（新的，新鲜的）。词中主要在音节首出现，也可以出现在音节末。例如：[xəɕin]（辣；酸；苦；咸）。

/x/：词首可做单辅音和复辅音前置辅音。例如：[xɐm]（靴子）、[xɐʁɐ]（黑）；词中只在音节首出现，例如：[mɐxɐ]（肉）。

/tɕ/：可以出现在词首和词中位置，词首做单辅音和复辅音后置辅音，词中只在音节首出现。例如：[qɐtɕɐ]（啃）、[tɕiʒɐn]（六十）、[ɕtɕɐu]（胸）。

/tɕh/：词首做单辅音和复辅音后置辅音，词中只出现在音节首。例如：[tɕhɐ]（你）、[tɕhɐtə]（饱）。

/ts/：词首做单辅音和复辅音后置辅音，词中只出现在音节首。例如：[tso:xɐ]（厨房）。

/tsh/：多出现在借词中，例如：[tshɜi]（蔬菜）、[tsho:kə]（搓）；固有词中只出现在复辅音后置辅音位置。例如：[ntshɔʁɐ]（集合，集中）。

/tʂ/：主要出现在汉语借词中。例如：[tʂɐŋfɐŋ]（帐篷）。

/tʂh/：主要出现在汉语借词中。例如：[tʂhi:tsi]（尺子）。

/n/：词内任何位置都可以出现，做词首复辅音前置辅音时可以自由脱落。例如：[ne:thɐn]（潮；湿）、[ntɐsə]（渴）。

/m/：词内任何位置都可以出现，词首做单辅音、复辅音前置辅音和复辅音后置辅音，词中在音节首和音节末出现。例如：[mɐʒɐ]（膘）、[mphe:lɐ]（发展）。

/ŋ/：词首、词中、词末都可以出现，词首只以复辅音前置辅音形式出现，可以自由脱落。例如：[ŋkʊ]（颜色）、[ŋqʊɐsə]（屁）。

/l/：可以出现在词内任何位置。例如：[losə]（饿）、[khəlɐ]（说；告诉）。

/j/：可以出现在词首和词中音节首。例如：[jeʒu:]（下巴）、[jirən]（九十）。

/ʋ/：可以出现在词首和词中音节首。例如：[ʋɐrɔn]（右）、[ɕɐʋəʒ]（泥）。

/r/ 有 [r]、[ʒ]、[ʐ] 3 个自由变体。例如：[rkul]（冬，冬季）、[ʒɐmtɐ]（缰绳）、[ʋeʒ]（角，犄角）。

2.元音

土族语互助方言中有 /ɐ/、/e/、/i/、/o/、/u/ 5 个短元音音位，/ɐː/、/eː/、/iː/、/oː/、/uː/ 5 个长元音音位，/ɐi/、/ɜu/、/iu/、/ʊɐ/、/oi/ 5 个二合元音音位和 1 个三合元音音位 /ʋei/。

（1）短元音音位

/ɐ/、/e/、/i/、/o/、/u/ 5 个短元音音位中，/ɐ/ 有 [ɐ]、[ɜ]、[ʌ] 三个变体；/e/ 有 [e]、[ɜ] 两个变体；/i/ 有 [i]、[ə] 两个变体；/o/ 有 [o]、[ʊ]、[ɔ]、[θ]、[ɜ] 五个变体；/u/ 有 [u]、[ʉ]、[y] 三个变体。

/ɐ/ 有 [ɐ]、[ɜ]、[ʌ] 3 个条件变体，词首单独成音节。[ɐ] 主要出现于词中任何位置、[tɕ]、[tɕh]、[ɕ]、[j] 以外的辅音后和 [χ]、[ŋ] 以外的辅音前，也可以出现在非词末音节 [t]、[th]、[n]、[l]、[ʐ] 等舌尖辅音后和 [χ] 辅音前、词末音节 [tɕ]、[tɕh] 和 [χ] 辅音前，词首独立成音节，但在部分词里可以自由脱落。例如：[pɐl]（蜂蜜）、[qɐl]（火）；[ɜ] 为邻音条件变体，出现于单音节词和多音节词的词首音节、多音节词的词中和词末音节 [tɕ]、[tɕh]、[ɕ]、[j] 等辅音后。例如：[jɛsə]（骨头；姓）、[jɛmɐ]（什么）；[ʌ] 为条件变体，主要出现于单音节词和多音节词的词首和词末音节、多音节词的词中音节鼻辅音 [ŋ] 和小舌辅音 [χ] 前面。例如：[thʌŋliː]（腭）。

/e/ 有 [e] 和 [ɜ] 2 个条件变体。[e] 在单音节词和多音节词任何音节位置都可以出现，但是不能出现在词首，也可在词末除 [k]、[l] 以外的辅音后出现。例如：[ʂte]（早）、[ʒtem]（知识；才能）；[ɜ] 为邻音条件变体，只出现于单音节词和多音节词的词末开音节，该元音的位置比较固定，有严格的位置和条件限制，只出现在词末 [k]、[l] 辅音后。例如：[ntəkɜtn]（下蛋）。

/i/ 有 [i] 和 [ə] 2 个条件变体。[i] 主要出现于词首和词中音节 [tɕ]、[tɕh]、[ɕ]、[j] 等辅音后，有时也出现在 [t]、[n] 辅音后，词末音节出现在 [tɕ]、[tɕh]、[ɕ]、[j] 等辅音起始的闭音节中，词首出现时独立成音节，部分词里可以自由脱落。例如：[irətel]（性格）、[itɐ:]（累；疲倦，乏）。[ə] 为条件变体，主要出现在 [tɕ]、[tɕh]、[ɕ]、[j] 以外的辅音后和词末 [tɕ]、[tɕh]、[ɕ]、[j] 等辅音起始的开音节中。例如：[ɕuləsɔ]（肉丝）、[muri:təlqɐ]（弄歪）。

/o/ 有 [o]、[ɔ]、[ʊ]、[ɵ]、[ə] 5 个变体。[o] 出现于除 [tɕ]、[tɕh]、[j] 和 [l]、[r]、[ʒ]、[n] 之外的辅音之后，多出现于 [t]、[th]、[p]、[ph]、[m]、[f]、[s] 等辅音后。例如：[porətə]（变灰色）；[ɔ] 为邻音条件变体，出现于 [x]、[ŋ] 之前。例如：[ntɔx]（颜色，色泽）、[ɕylɔŋ]（晚上）。也可以出现在词末重读音节 [n]、[l]、[r]、[ʒ] 之后，但是前一个音节的元音必须是圆唇元音。例如：[xʊlɔ]（远）；[ʊ] 为位置和邻音条件变体，主要出现在 [k]、[kh]、[q]、[x] 辅音之后，不能出现在词首，多出现于词首音节的后辅音之后。例如：[kʊlkʊ]（狗崽子）、[kʊrmɐ]（骡马）；[ɵ] 为邻音条件变体，主要出现于词首和词中音节 [tɕ]、[tɕh]、[j] 等辅音后。例如：[tɕɵʒʊ]（小走）；[ə] 为邻音条件变体，可以出现在词内任何音节位置，出现于 [l]、[r]、[ʒ]、[n] 之后。例如：[nəli:]（肥料）。

/u/ 有 [u]、[ʉ]、[y] 3 个条件变体；[u] 出现于词内任何音节位置 [tɕ]、[tɕh]、[ɕ] 以外的辅音之后，词首独立成音节，可以脱落。例如：[utʉrlɐ:]（白天，白昼）；[ʉ] 为条件变体，可出现于词内任何音节位置 [k]、[kh]、[t]、[th]、[f]、[n]、[m]、[s] 之后，以及 [r]、[ʒ]、[l]、[n] 辅音前。例如：[utɕytʉr]（前天）；[y] 为条件变体，可出现于单音节词和多音节词词首音节 [tɕ]、[tɕh]、[ɕ] 等辅音之后。例如：[ɕtɕyn]（女儿）。

（2）长元音

土族语长元音有 /ɐː/、/eː/、/iː/、/oː/、/uː/ 5 个音位。

/ɐː/ 没有变体。例如：[ɐːə]（牲畜；牛）。

/eː/ 没有变体。例如：[peːrə]（妻子）。

/iː/ 没有变体。例如：[iːtsə]（草渣子，碎草）。

/oː/ 有 [oː]、[ʊː] 2 个自由变体。[oː] 词内任何位置都可以出现，词首独立成音节。例如：[oːtɕoː]（冬青）。[ʊː] 自由变体，频率最低，只出现在 [q]、[k]、[x] 这几个后辅音之后。例如：[qʊːʒ]（二）。

/uː/ 有 [uː]、[ʉː] 2 个条件变体。[uː] 出现于除 [tɕ]、[tɕh]、[ɕ]、[j] 之外的辅音后的任何位置。例如：[suː]（腋）。[ʉː] 主要出现于词中和词末 [tɕ]、[tɕh]、[ɕ]、[j] 等辅音之后。例如：[ɕʉːrə]（撂起；翘起）。

（3）复合元音

土族语固有词中有 /ɐi/、/ɜu/、/iu/、/ʊɐ/、/oi/ 5 个二合元音音位和 1 个三合元音音位 /ʊei/。/ɐi/ 有 [ɐi]、[ɐe]、[ɜi]、[ɜe] 4 个变体；/ɜu/ 有 [uɐ]、[uɐ]、[ʊɣ]、[ʌu] 4 个变体；/iu/ 有 [iu] 和 [iʉ] 2 个变体；/oi/ 有 [oi]、[ʊi]、[ʉi] 3 个变体；/ʊɐ/ 有 [ɐʉ] 和 [ɐʊ] 2 个变体。

（三）主要音变规律

1.元音音变

（1）清化：土族语非重读音节高元音 [i]、[ə]、[u]、[y] 和 [u] 起始的复合元音，受前后辅音共同影响而出现清化现象。其位置条件是非重读音节，音质条件是弱短高元音，邻音条件是前后辅音的发音方法。例如：[tɕh̥i̥tɕik]（花）。

（2）展唇化：土族语圆唇元音 [u] 常常受前接辅音 [p]、[m]、[n]、[f] 等的影响而变成展唇元音 [ə]。例如：[puliu]（磨石）→ [pəliu]。

（3）脱落：在土族语中，非重读音节的元音常有脱落现象。分两种，第一种是词首脱落，第二种是词中脱落。土族语词首独立成音节的短元音 [i]、[u]，当后续音节元音与它发音部位相近时可以脱落；[ɐ] 在双音节词中，后续音节的元音为长元音 [ɐː] 时，可以脱落。其条件可概括为：1.词首弱读元音 [i]、[u]，后续音节有重读的部位相似的元音时脱落。2.词首非弱元音 [ɐ]，后续音节有重读的同部位元音时脱落。词中脱落有两种现象：一种是 [e] 结尾的开音节词，后接附加成分时 [ə] 可有可无；另一种是复辅音中前后结合紧密的两个辅音之间的元音可以脱落。词中元音脱落与音节间辅音组合有极大关系（如后者），前一音节的结尾辅音和后一音节的起始辅音部位相近、结合度高时中间弱元音可以脱落（如后者）。元音处于弱读位置和语速是辅助因素。例如：[ɐeaɐ]（皮）→ [rɐsə]。

（4）同化：土族语的元音同化中最常见的是前化，[ɐ]、[o]、[u]、[u:]受先行辅音[tɕ]、[tɕh]、[ɕ]、[j]和其他前辅音的影响而舌位出现不同程度的前化，[ɐ]前化为[ɛ]、[o]前化为[θ]、[u]前化为[y]和[ʉ]、[u:]前化为[ʉ:]。例如：[tɕu:tɕhə]（裁缝师）→[tɕʉ:tɕhə]。另外，[ɐ]在[ŋ]和[χ]之后舌位后缩为[ʌ]。例如：[uʒɐχ]（初乳）→[uʒʌχ]。

2.辅音音变

同元音相比，土族语的辅音音变较少，有脱落、擦化和浊化三种。词首鼻音脱落：[n]、[ŋ]、[m]等鼻音做词首复辅音前置辅音时可以脱落。例如：ntɕɛsə（犁）→tɕɛsə。塞音擦化：[p]和[q]在词中出现时，受邻音影响而擦化。[p]在词中音节末[s]、[ɕ]等清擦音后擦化为[ɸ]、[l]，[ʒ]在浊辅音后擦化为[β]。[q]在词中音节末浊擦音[n]、[l]、[ʒ]前擦化为[ʁ]，清辅音[tɕ]、[tɕh]、[ts]、[s]、[ɕ]前擦化为[χ]。除此之外，[t]和[th]可以自由交替，例如：nɐ:ti（玩）→nɐ:thi。

三 凡例

（一）记音依据

本书土族语记音以互助土族自治县中老年人使用的土族语口语为准，采用音位记音，主要发音人为刁荣，男，1964年生，互助土族自治县东沟乡大庄村人，从未长时间离开过该地区，初中文化，职业为农民，发音条件符合要求。

（二）图片来源

本书收录互助土族语文化图片500余幅，图片拍摄者主要为韩国君、超日雅、太平、奈日斯格等人。图片主要拍摄地点为互助土族自治县东沟乡大庄村、洛少村，五十镇北庄村、班彦村，丹麻镇索卜滩村，威远镇小庄村等土族聚居村。

（三）内容分类

本书所收土族语互助方言文化条目按内容分为9大类29小类：

（1）房屋建筑：住宅、其他建筑、建筑活动

（2）日常用具：炊具、卧具、桌椅板凳、其他用具

（3）服饰：衣裤、鞋帽、首饰等

（4）饮食：主食、副食、菜肴

（5）农工百艺：农事、农具、手工艺、商业、其他行业

（6）日常活动：起居、娱乐、信奉

（7）婚育丧葬：婚事、生育、丧葬

（8）节日：春节、其他节日

（9）说唱表演：俗语谚语、歌谣、故事

（四）体例

（1）每个大类开头先用一段文字对本类语言文化现象做一个概括性的介绍。

（2）每个条目均包括图片、土族语词、正文三部分，第九章"说唱表演"只有词汇条目和正文，不收录图片。

（3）各图单独、连续编号，例如"1-1"，短横前面的数字表示大类，短横后面的数字是该大类内部图片的顺序号。图号后面注拍摄地点（一般为村级名称），图号和地名之间用"◆"隔开，例如"1-1◆北庄"。

壹·房屋建筑

　　互助土族传统居住形式以家庭为基本单位,起初他们以宗族形式居住,后来形成了由若干姓氏组成的村落,成为基本聚居形式。土族村落的历史源远流长,作为曾经的游牧民族,土族人都以具有血缘关系的宗族为单位逐水草游牧为生。随着畜牧业的发展,部落之间为争夺草场和牲畜而引发纠纷甚至争斗,期间规模较小、实力不济的宗族显然不能适应纷争不断的生活环境。于是若干宗族不得不组成规模较大的村落来适应新的现实环境。

　　土族人民习惯依山傍水而居,村落坐落整齐、环境优美。土族人把村落依偎的山称作"神山",禁止破坏山上的一草一木;对村落附近的泉眼、河流也是倍加珍视保护,严禁污染水源。这些习惯也逐渐成了当地的民间习俗,使得村落周围植被丰富、草木茂盛。土族村落与自然环境构成一个个有机整体,成为理想的生存居住地。

　　土族崇敬大自然、敬畏大自然,爱护家园的一草一木。由于村落坐落在高原,

山水、花草、树木环绕，因此他们就地取材，房屋建筑多为土木结构，显得朴素而不失精巧。比如可从山上就地搬来石材、木材、黄土等纯自然的建筑材料，不用太多加工便可用于建筑，使土族的村落与自然环境紧密地融为一体。

土族人家的庄廓和村落从外观到内涵上，处处呈现着独特的文化意象。比如在院落中央立有"玛尼杆"，旁边设立"煨桑炉"；除此之外还在厅堂正中设佛堂，佛堂内供奉佛祖，厨房里供奉灶神，以及在大门上挂经幡和屋顶设有转动的玛尼风轮等。土族聚居村落的核心部分就是村庙，无论它的位置是否坐落在村落的中心位置，它都是整个村落的凝聚点。村庙犹如一块磁石，牢牢地吸引着整个村落的人们，使他们心往一处想，劲往一处使。村落里有万佛亭、佛塔，村庄周边有神山、敖包、万石堆、神树等。土族房屋建筑除了人的住所，还包括从前以游牧形式为主的牛羊圈舍，现在家家户户都有猪圈、鸡窝、狗窝等。这也体现着土族从牧业转变为农业过程中带来的改变。

一 住宅

1-1 ◆北庄

[khutu] "庄廊"

  土族传统民居。传统庄廊形似四合院，以三面或四面环绕式的院落为主要建筑形式，包括主房、厢房、厨房等房屋；主房正对大门而建，地基比其他房子较高，外观也比其他房屋华丽，厢房建于主房两侧，厨房建于大门一旁。这是由游牧生产方式转变到农业生产方式后形成的居住形式，过去庄廊主要以土木结构为主，现在多为砖瓦结构。按照传统习俗，长辈住主房，晚辈住厢房。

1-2 ◆北庄

[tɕhitɕikti: ker] "雕花房"

  屋檐下方或门窗上雕刻花纹的房屋。过去土族民居以土木结构为主，在长期的居住过程中形成了门窗上雕刻花纹的建筑风格，住雕花房的习俗也传承至今。土族居住区雕花房随处可见，雕花房也成了当地多数房屋的别称。在过去，雕刻层数与家庭经济条件有关，普通家庭的雕花房一般雕刻3—5层花纹，富裕人家雕刻的花纹可多达13层。

1-4 ◆ 大庄

[nuʁti: ker] "起脊房"

　　屋顶呈坡形的房屋，是当地新式民居砖瓦房。高耸的屋脊易于排水，防止屋顶积水。土族聚居区庄廓内的主房、厢房等空间较大的房屋都是起脊房。

[thertɕin ker] "平房"

　　屋顶为平顶的房子。当地多数平房地基不高，整体外观低矮简洁，通常由土坯或泥土砌墙，墙面抹泥，用泥土平铺屋顶而成。虽然当地平顶泥土房逐渐被起脊砖瓦房所取代，但厨房、角房等空间较小的房屋仍以平顶为主。

1-3 ◆ 小庄

1-5 ◆大庄　　　　　　　　　　　　　　　　1-6 ◆大庄

[nike rokti pəimeːl] "一面坡"　　　　　　[koːr rokti pəimeːl] "两面坡"

　　由一面坡构成的一种房顶样式。一面坡房屋不设屋脊，只以一面坡为其斜面屋顶，通常由瓦片或新式彩钢板铺设而成。当地一面坡房子多数都面积较小，建于主房一侧，主要当作库房或棚圈使用，此外也有用作厢房的。
　　　　　　　　　　　　　　　　　　　　　从屋脊往两侧呈斜面的房顶，是当地最常见的现代砖瓦房房顶。铺设两面坡房顶的房屋通常外形美观，具有使用面积大、地基、墙体较高等特点。两面坡屋顶有较强的排水功能，是当地常见的新式房屋屋顶。

[ɕinitiː ker] "新式房"

　　新式楼房。农民自建的楼房式小型建筑，是新式农家小别墅，用砖瓦、水泥、钢材等新式建筑材料建成，具有采光好、地基高、外观美等特点。当地多数新式房下层设厨房和客厅，上层设卧室、书房和阳台，正门前设有煨桑炉。新式房是现代建筑与传统习俗有机结合的产物，随着当地生活水平的提高，修建新式房的农户也越来越多。

1-8 ◆洛少

1-7 ◆大庄

[lu:tsi ker] "楼房"

土木结构搭建的两层楼。上层设有堂屋、卧室、客厅等,供主人居住使用,下层设有库房或角房,存放粮食、农具、杂物等,楼梯通常设在楼内侧,也有设在外侧的,楼房有高大的圆木柱子和雕花房檐,二层外侧檐下不封闭,用于夏天乘凉,冬天晒太阳。传统土木结构矮楼现在已被新式楼房替代,只在个别乡下农户家中才能见到。

[mo:ti ker] "木房"

用木材搭建而成的房子。木房具有地基高,通风好的特点,通常用来储藏粮食谷物,防止其霉烂变质。建造木房时可就地取材,易于搭建。

1-9 ◆小庄

1-13 ◆小庄

[kuɾ] "毡房"

　　游牧民族居住的圆顶帐篷，把毡子铺在木架上搭建而成。毡房是土族先民在从事游牧生活时的住所，如今已成为景区内供游客临时就餐居住的居所。作为土族传统物质文化遗产，毡房不仅是一种居住场所，也是一段文化记忆。

[puloŋ keɾ] "角房"

　　处于庭院角落的房子。通常面积较小，当作储物间或库房使用。过去主要用于库房或牲畜圈。

1-10 ◆大庄

1-11 ◆北庄

[usi ker] "草房"

存放柴火、干草，防止被雨雪淋湿的房屋。通常建在距厨房较近的地方，但部分家庭为了保持院落干净整洁，会把草房建在院外。随着推广使用燃气、煤气，当地农户家中的草房也逐渐少见。

[jo:toŋ] "窑洞"

土族古老居住形式。过去高原地区的人们利用地形凿洞而居是最为便捷的居住方式。现在人们把窑洞当作地窖来使用，利用窑洞冬暖夏凉的特点储存土豆、萝卜等蔬菜。除此之外，还有一些在土族文化园区或古村落内留存下来的窑洞成了特色景点。

1-12 ◆麻吉

1-14 ◆大庄

[tʂəŋfeŋ] "帐篷"

　　指当地农民们临时搭建的简易帐篷，多用帆布做成，可随时拆卸搬运。搭建帐篷十分便捷，用几根木桩、几条绳子和一块塑料布或帆布即可完成。常用于野餐或宗教仪式中。

[ɕtɕi:tɕem] "堂屋"

　　民居的中心屋子。设在主房的大堂位置，面积不大，靠墙的位置通常放置一对大红面柜，面柜上摆设佛龛或挂贴佛像等。

1-16 ◆罗少村

1-15 ◆小庄

[puloŋ ɛsɘr] "角楼"

建在院子角落的阁楼,是土族传统民居的重要组成部分,新式民居则很少有角楼。角楼位于庭院或房屋高处,可设为佛堂,供奉神佛;也可当作储物间,存放粮食、蔬菜、日常用具等。

[nthirɛːtɕin ker] "卧室"

长辈的卧室设在主房堂屋一侧,晚辈的卧室设在厢房。当地农户家中的卧室都设有暖炕,炕上都会放置便于喝茶、吃饭的炕桌。放置炕桌的卧室也可以作为客厅使用,接待客人时大家围坐在炕桌周围喝茶聊天、享用美食。

1-17 ◆大庄

1-18 ◆大庄

[sɜutɕin kei] "客厅"

　　当地民居中接待客人的屋子。摆放沙发、茶几，设有火炉，通常宽敞温馨、窗明几净，常用来接待贵客或举行家庭聚会。当地人把客厅设计成独立的单间客厅或打通两间屋子的大客厅，单间小客厅设在堂屋一侧，大客厅则通常设在厢房内。

[tsɔːxʊɐ kei] "厨房"

　　烧火做饭的房子，建在主房对面或者厢房旁边，空间相比厢房或主房要小。过去厨房都会连着火炕而建，做饭时顺便烧炕；与过去相比，新式厨房是独立的房子，里面设有灶台和放置锅碗瓢盆等炊具的碗架。土族人习俗中厨房是隐秘、洁净之地，不允许外人随意进出。

1-19 ◆大庄

1-20 ◆大庄

1-21 ◆大庄

[ker meŋli:] "屋檐"

房屋前檐的椽头部分，普通屋檐长约一米，主房的屋檐要更长一些，便于在屋檐下搭设阳台。采光好的阳台供人们冬天晒太阳取暖，夏天乘凉休息，非常适合高原居住环境。

[ɕukuloŋ] "流水槽"

屋顶排水的水槽，除常见的木制流水槽之外也有塑料或铁制的。当地人搭建房屋时在屋檐上每隔约1.5米设一处流水槽，突出屋檐约40厘米。流水槽在下雨时能及时排水。

[ker nuri] "屋脊"

两面坡屋顶中间凸起的部分，是相对的两面斜坡顶端交会线。当地现代砖瓦房的屋脊线通常用1—3层红砖砌成，有的在屋脊上建造装饰性建筑构件，如建造吉祥物造型或寓意美好的雕刻，这种建筑构件对单调的瓦片房顶能起到装饰作用。

1-22 ◆大庄

互助土族语 壹·房屋建筑

1-25 ◆大庄

1-23 ◆大庄

[ʋɐ:] "瓦"

　　铺在屋顶的瓦片，分为青瓦、红瓦、大瓦和小瓦。过去民居没有砖瓦结构的房屋，只有在府邸或寺院庙宇中才能偶见砖墙瓦顶。随着砖瓦房的兴建，瓦片的种类也逐渐增多。瓦片不但可以减少雨水对屋顶的冲刷，彩色瓦片还给房顶增添了色彩，使房屋变得更为美观。

[ker tire] "屋顶"

　　指当地房屋或构筑物外部的顶盖。土族传统房屋屋顶是用泥土抹光的平面屋顶，新式房屋屋顶则是由红瓦或蓝瓦铺成的斜面屋顶。除瓦片铺设的常见屋顶外，有的家庭还会将阳台屋顶用透明板铺设，以增加采光。

[tholqɐ] "柱子"

　　建筑物中用以支承栋梁桁架的必不可少的构件，也是土族房屋重要的构件。柱子与横梁、层板共同组成房顶的承重构件，使房屋更加结实牢固。柱子通常有后山柱、襟柱和檐柱之分。

1-24 ◆洛少

1-27 ◆大庄

1-28 ◆北庄

[ʋɑlqɑsi ɕtɕuːr] "墙基"

用石头、水泥等堆砌浇筑而成的墙体底部。当地村落墙基多数都由石头堆积而成，比墙体略宽，堆积石头时要尽量做到严丝合缝，由石头、水泥浇筑而成。

[teːxɐ ʋɑlqɑsi] "矮墙"

相对于高墙而言比较低矮的墙，是还未普遍砌红砖墙时常见的墙体类型，主要用泥土夯筑或土坯堆砌而成。这种泥土墙墙基不牢固，墙体不稳，不能砌太高。用来保护菜园，防止禽畜进入。现在矮墙已不多见，基本都被栅栏替代。

[ʋɑlqɑsi] "墙"

用砖、石、土块砌成的屏障或院落外围。有砖墙、土墙、石墙之分，土族聚居区院落墙体多为红砖墙。

1-26 ◆大庄

互助土族语 壹·房屋建筑

31

1-30 ◆小庄

[ɕiru: vɑlqɑsi] "土墙"

  过去主要的墙体类型。当地传统院落的围墙通常都是约三米高的土墙，墙面较厚；猪圈、菜园子的围墙约有1.5米高，墙面较薄。土墙可就地取材，且较为容易夯实。

[tɕiskʌ vɑlqɑsi] "土坯墙"

  与土墙相仿的传统墙体。用土坯砌成，比土墙美观、整齐，更牢固一些。随着经济发展，土坯墙逐渐被砖墙替代，现在只有部分农村地区的老式建筑中还保留着土坯墙。

1-31 ◆北庄

1-32◆小庄

[tʂuɛn ʋɛlqəsi] "砖墙"

　　最常见的墙体类型，当地房屋、圈舍、院落围墙都由红砖砌成。砖墙相对于土墙和石墙，不仅墙体美观、规范平整，而且更加结实牢固，经久耐用。

[thɤr ʋɛlqəsi] "石墙"

　　用石块砌成的墙，是过去的主要墙体类型，用就地取材的石块原料就能砌成牢固的石墙。现在农村里的石墙与过去相比，都用水泥抹面或填缝，使墙体更加牢固。

1-29◆大庄

1-33 ◆大庄

[ʐmɤː] "围墙"

当地民居院落外围的墙体。围墙高约3米，不仅有保护、阻隔院落的作用，还能有效地阻挡风沙灌入院内。与过去用白泥抹光的土坯墙相比，现在的红砖围墙更加坚实牢固，平整美观。

[kherken vɑlqəsi] "阶梯墙"

高低不一阶梯式的墙。土族聚居区的居民在地形不平整、坡度较大的区域都会筑起阶梯墙，是为适应当地山区地貌而筑起的墙体。在林荫之中逐地形而建的阶梯墙和石头台阶是当地村落的一大特色风景。

1-35 ◆小庄

[mulɛ: ɕirki:] "小栅栏"

在院落内能起到隔离、防护的作用，通常用小木板制成的围栏。使整个庭院格局更加整齐美观，也能阻隔家禽家畜进入菜园。

[ʂke ɕirki:] "大栅栏"

相对于小栅栏，用竹、木和铁制的栅栏，高度在1—2米之间。农户家中的栅栏多数都由木板做成，设在菜园子或乡间小路两旁，阻隔家畜进入。

1-34 ◆大庄

1-36 ◆小庄

1-37 ◆小庄

[ʀeːmɐ] "篱笆"

　　由竹子、芦苇、柳条编制而成的护栏。当地农户家中的篱笆与院墙、栅栏一样都起到了隔离、防护的作用。篱笆还可以用在菜园、场院的周围，如今当地农户家中的篱笆逐渐都被网围栏、铁拉杆替代。

[ʂkuːte] "大门"

　　民居院门。分为木门和铁门，土族人民建造大门时十分讲究，用红砖或蓝砖砌高约三四米的门柱，安装双扇木门或铁门。门楣上会雕刻几层花纹（见图1-42），门顶呈坡面起脊状，具有结实牢固、外形美观的特点。

1-38 ◆小庄

1-39 ◆ 罗少村

[teːʐen xæːlqɐti te] "四扇门"

  主房正门，由上好的木料制成。漆上黄漆的正门上半部分安装的玻璃使屋内光线充足、通透明亮。当地不论是新式房子或传统房子，都会安装醒目大气的正门，且以安装四扇门为主。

[nike xæːlqɐti te] "单扇门"

  传统民居的院落大门。与双扇门相对应的单扇门保留了更多的传统特色，其门柱通常都用土坯砌成，再用白泥抹光，门楣是单层横木，门头与围墙齐高。

1-40 ◆ 小庄

1-41 ◆大庄

[muŋkulok ute] "拱门"

　　上端呈弧形的门。亦指门口由弧线相交或由其他对称曲线构成的门。通常用红砖砌成，没有门扇，是将墙体建成拱形通道形式的小门。这种拱门一般建在庭院内部，具有装饰作用。

[tɕhitɕikti: ute] "雕花大门"

　　雕刻精美图案的庭院大门，是土族民居的一大特色。雕花是土族人民最擅长的手工艺，雕花大门体现了土族人民的传统审美与艺术造诣。从雕花的层数可看出一个家庭的经济状况，普通人家雕刻3—5层花纹，殷实人家一般雕刻7—9层，富裕大户最多会雕刻13层。

1-42 ◆大庄

1-43 ◆大庄

[te thuku] "门扣子"

将门扇和门框扣锁固定的结构，多用于单扇门，由固定在门扇上的铁链和钉在门框上的铁扣组成。锁门时，将铁链套在铁扣上，再锁住即可。

1-44 ◆大庄

[te çoŋ] "门闩"

闩门的短横木，关好门后从大门内部固定住门扇的长木条，适用于双扇门，是较为普遍的闩门方式。闩门时将门闩横插在门把手或其他能闩门的装置上，使两个门扇固定在一起，防止从外边推开。

[ʂke tɕhoŋkoŋ] "大窗户"

规格较大的窗户。随着泥土房逐渐被砖瓦房替代，多数新式房屋的窗户都设计成大窗户。采光好，使屋内更加明亮宽敞。

[muleː tɕhoŋkoŋ] "小窗户"

规格较小的窗户，多见于老式房子。在经济条件不那么发达的年代，当地人居住的平房都会安装这种小窗户。做工简单，造价便宜。当地人居住的庭院里还有很多安装小窗户的房屋，像厨房、角房、仓库等地方的窗户都会安装小窗户。

1-45 ◆大庄

1-46 ◆大庄

互助土族语 壹·房屋建筑

39

1-47 ◆小庄

[tɕɛːmɐ tɕhoŋkoŋ] "支摘窗"

  传统民居的木制小格子窗户，属于老式窗户。这种支摘窗都会糊上一层窗户纸防止漏风。开窗户时，通常向上开启，用木棍支起或从屋檐上吊起窗扇即可。支摘窗设计精巧，结构简单，目前已不多见。

[jɛnthoŋ] "烟囱"

  从屋内往外排烟的排烟口。在屋顶、墙头或顺墙面而砌成，直通屋顶的烟囱通常连接着屋内的烤火炉，顺墙而砌的烟囱通常连接着屋内的炕洞或者灶洞。

1-48 ◆大庄

1-49 ◆ 大庄

[ɕɐːtsi] "院子"

　　庭院内的非建筑区空地。当地人通常会在院子正中央建造花坛，花坛里面或一旁竖起高高的玛尼杆。玛尼杆源于藏传佛教，立玛尼杆意在招福禄、迎好运，是寓意美好的习俗。如果不立玛尼杆，则在花坛内栽植一棵柏树代替。除了花坛，院内其余的空闲地会用于种菜，栽植花草、果树。

[ʂintɕɐŋ] "菜园子"

　　在庄廓一角或院外用于种植瓜果蔬菜的地块。土族聚居区每家每户占地面积不大，因此多数人家的菜园子建在院内阳光好的某一角落，集中种植，但面积不大；庭院宽敞或条件允许的人家会将大门外的空闲地用作菜园子。勤劳的土族人家菜园子里会种满各种蔬菜，供一家老小享用，经济实惠。

1-50 ◆ 大庄

互助土族语 壹·房屋建筑

41

1-51 ◆小庄

[jɛnsoːr] "花坛"

　　庄廓院内中央建造的圆形或者四方形种植花草的设施。过去都用土坯砌成圆形，现在基本都用红砖砌成方形。在花坛里或在其旁边立高高的玛尼杆，正前方砌一处煨桑炉。

[kherken] "楼梯"

　　建筑物中作为楼层间通道的构件。当地传统楼房的楼梯由木板制成，做工简易，将踏板一级一级安装在梯子主杆上即可。新式楼房的楼梯则是用红砖、水泥等现代建筑材料砌成的，通常都会贴上一层防滑瓷砖装饰。

1-52 ◆小庄

1-53 ◆ 大庄

[tʰɐikɛ] "台阶"

用砖、石、混凝土等筑成的供人上下走动的阶梯式建筑物。由于土族房屋地基高，台阶成了房屋建筑中必不可少的一部分。传统土木结构平房的台阶由石头堆成或用土坯砌成，新式房屋的台阶则用红砖铺成后用水泥抹光。

[tɕiqɐ ɕɐːtsi] "上房台子"

屋檐下的闲置空间，是传统民居的阳台，又叫 [tɕiqɐ ɕɐːtsi] "屋台"。上房台子是土族传统民居的一大特色，处于主房屋檐下，是房屋的延伸部分，冬日晒太阳取暖，夏天可纳凉。过去上房台子是敞开式的，现在则常用玻璃包裹封顶。当地的上房台子通常都会安装塑钢门窗，整体通透明亮，冬暖夏凉。上房台子上通常会放置茶几、桌椅，供家人和宾客喝茶聊天。

1-54 ◆ 大庄

1-55 ◆大庄

[kiːɕeŋ] "胡同"

从院门到村道的小巷子，宽约 2—3 米，是庭院通往街巷的通道。

[pinkhəŋ] "凉亭"

近几年随着新农村建设而建立起来的，供人们乘凉、休息、聊天的场所，现在已成为最主要的休闲场所。闲暇时间，年轻妇女们三五人聚集在凉亭，边聊天边做刺绣活儿。

1-56 ◆大庄

1-57 ◆ 大庄

[ɐjil] "村庄"

  土族基本聚居形式。土族先民最初都是以宗族"依玛格"为单位居住。随着社会的发展，规模很小的"依玛格"不能适应新的社会状况和发展要求，于是由若干个"依玛格"组成的规模较大的村庄——"阿依勒"应运而生。土族村庄多数都依山傍水，周围植被丰富，草木茂盛，山清水秀，环境优美。

[tsoŋ] "城堡"

  传统建筑形式，城堡高墙坚门，是保护人口、财富不被掠夺的堡垒。当地古城堡已经成为历史遗迹。互助县五十乡北庄村有一处明清时期的古城堡，是目前为止留存下来的最完整的土族古老建筑。

1-58 ◆ 北庄

互助土族语 壹·房屋建筑

45

二 其他建筑

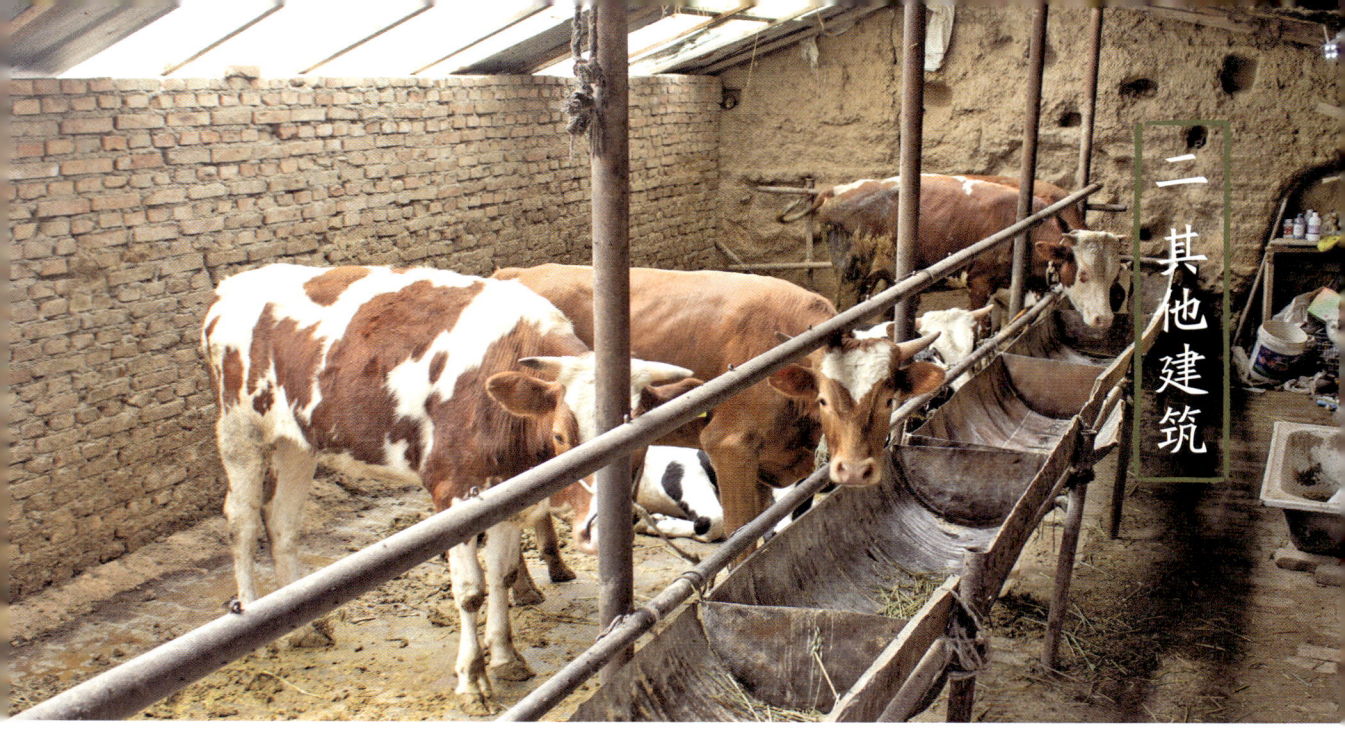

1-61 ◆罗少村

[ɐːsi pheŋ] "牛圈"

养牛的圈舍。过去牛圈搭建在院内某一角落，用土坯砌墙后再用木条或木板架设简易顶棚即可。随着生产方式的转变，现在养牛的人越来越少，部分养殖大户的牛圈都是用红砖砌墙后安装固定门窗，再用采光板做顶棚的大型暖棚圈舍。当地集中养殖大户的牛圈通常都会建在院落外大片空地上。

[ɐːsi ɕirki:] "牛栏"

没有顶棚的敞开式牛圈，适用于夏季圈牛。这种简易的牛栏通常用细长的圆木或钢管搭建而成，易于搭建和拆卸，是非常便捷的临时圈舍。牛栏相对于羊栏，栏杆之间缝隙大，搭建时除木条和钢管外无须加装其他防护栏。

1-62 ◆大庄

[mo:lu:] "茅厕"

1-59 ◆ 大庄

简易厕所。结构简单，用土坯或红砖堆砌成几平方米大小。建在院外。

[xqei pheŋ] "猪圈"

养猪的圈舍，建在院子的某一角落或院外。为防止猪拱开圈舍，一般要用红砖砌墙，装上铁栅门，有条件的人家会把猪圈内部地面用水泥红砖夯筑打牢。铺设猪圈顶棚时，为有效防风防雨的同时加强阳光照射，通常都采用半透明的板材。猪圈里设一处通向院外的水渠，用于向外排粪便、食物残渣等，粪便可当作有机农家肥料。

1-60 ◆ 大庄

1-63 ◆小庄

[mori pheŋ] "马棚"

养马的棚圈。当地常见的马棚较为简便，搭建时在支起的四根木柱上架好木板顶棚即可。马棚里除了有拴马的横条木或马桩外，还有投喂草饲料的马槽和挂在高处的缰绳等马具。

[xoni pheŋ] "羊圈"

羊的圈舍。土族以从事农业生产为主，在土族居住区很少有大规模养羊的农户，当地养殖户基本上都是养几十头左右的羊，因此在院外空地上建一处小羊圈就能解决圈养的问题。过去都是土坯墙、木草棚，现在则基本都用砖和钢材等建成。

1-64 ◆北庄

1-65 ◆ 大庄

[xoni ɕirkiː] "羊栏"

　　临时搭建的羊圈,适用于春夏季圈养的场所。搭建较为简单,用铁丝网、网围栏等将一块易于打桩或固定网栏的空地围起来即可。

[thiqʒu foːr] "鸡窝"

　　养鸡给鸡过夜的窝。鸡窝一般搭建在庭院角落。当地农户院落中的鸡窝过去用土坯、泥土搭建;现在则用砖瓦等材料搭建。

互助土族语·壹·房屋建筑

1-66 ◆ 大庄

1-67 ◆大庄

[pɐntsɛ:]"板仓"

用木板钉制而成的粮仓。在木柱上销入木板，做成宽约1米，长约2—3米，高约3米的立方体储粮仓，用木脚支撑底座，距地面约20厘米。放置板仓时，板面要距墙体一定距离，保持通风。

[vənki:]"面柜"

存放米面的柜子。面柜做工精致，油面上漆。一般放置在堂屋内，储存加工好的面粉和食粮，也是家中的摆件或家具。堂屋里的面柜上陈设佛龛、花瓶、香炉等，是土族人生活中必不可少的物件。

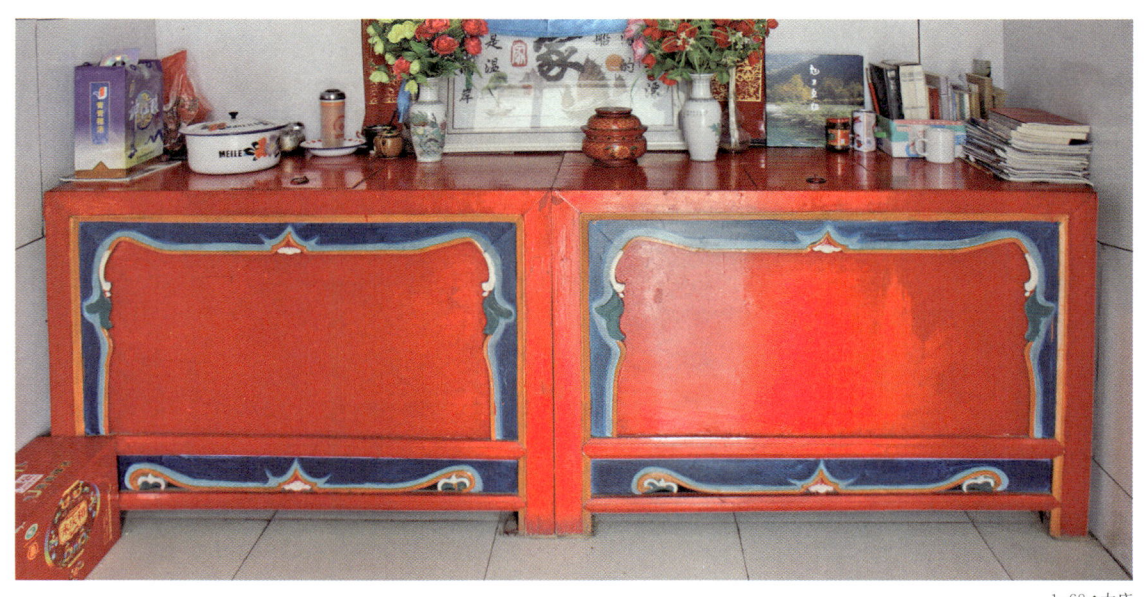

1-68 ◆大庄

1-69 ◆ 小庄

[sɐŋkhu: ker] "库房"

存放杂物的敞开式小型房屋，里面存放粮食、种子、肥料、农具等。

[sɐjo: tɕɜu] "土豆窖"

储藏土豆、萝卜等蔬菜的窖，建在院内角落或附近的山坡上。当地传统土豆窖较浅，大约5—10米深，温度恒定，宜于存放蔬菜。地窖里存放的土豆不容易变质。随着一些农户大规模种植土豆，现在已有可以储存几十吨甚至上百吨的大型地窖；这种大型地窖建在山坡上或房屋旁，里面宽敞明亮，可以直接开着手扶拖拉机进出。

1-70 ◆ 大庄

[stsu tɕʒu] "水窖"

在土层较厚的地方挖深约5—10米，内壁砸实后用于贮存河水或井水的地窖。在互助县水源缺乏、水土流失严重的山区建有水窖，解决干旱地区人畜用水和菜园灌溉问题。

1-72◆大庄

[tiːrɛːsi tɕʒu] "酒窖"

酒窖包括酿酒酒窖和储酒酒窖。图1-71为酿酒酒窖，一般建在地下室内，把酿酒原料放到窖里后用厚棉被、苦布密封窖口，再通过发酵酿出甘甜醇香的美酒。储酒酒窖是专门储存酿好的美酒的地窖。

1-71◆威远镇

[stsu tɕin] "保暖井"

　　保护自来水水管和水龙头的地窖。在寒冷的青藏高原，自来水水管和水龙头是需要做好防冻措施的。为了防止水管、水龙头冻裂而挖的保暖井。

1-74 ◆ 大庄

[stsu rtseŋ] "水井"

　　根据地下水位的深浅，水井分为浅水井和深水井。打井是过去的主要用水方式，现在随着自来水的普及，已没有使用水井的地区。图中的"威远古井"位于互助县青稞酒厂内，是专门用来酿制青稞酒的水源。

1-73 ◆ 威远镇

1-75 ◆大庄

[tɕhutuːɾ] "水渠"

　　土族村庄依山傍水，山上有自然的泉眼，引水渠是从山顶的泉眼引水、送水的渠道。水渠内壁用石块砌成，水泥抹面。引水渠是人畜饮水和农田灌溉的主要保障。因地制宜的水渠和潺潺流水成了当地的一道风景线。

[pulɛk] "泉"

　　地下水涌出地面后形成的泉眼。图中的泉眼当地人叫作"黑泉"，黑泉的水滋养了世世代代居住于此的土族人，传说当地黑泉滩上有108个泉眼。

1-76 ◆大庄

1-77 ◆大庄

[thirme] "磨坊"

传统农业生产生活中磨面、加工粮食的地方，由石磨盘、水槽、水轮等不同设施组成。爱吃面食的土族人，会在磨坊里加工小麦、青稞。

[lərkur] "手磨"

人工驱动的磨面工具。体积小，方便移动，由上下两个小磨盘组成，磨盘上有把手和磨眼。把手用来推动手磨转动，需碾磨的东西经磨眼进入。手磨一般用来碾磨炒面、辣椒、花椒等少量物品。

[thirme ʂəntsi] "磨盘"

也称为磨扇，是传统石磨的组成部分。石磨是用人力或畜力把粮食去皮或研磨成粉末的石制工具，由两块尺寸相同的短圆柱形石块和磨盘构成。磨盘通常会架在石头或土坯等搭成的台子上，是传统农村日常生活中不可或缺的用具。图中的石磨已残缺，只剩了磨盘。

1-79 ◆小庄

1-78 ◆小庄

互助土族语 壹·房屋建筑

1-80 ◆大庄

[juːtɕɛ] "油坊"

油坊分为传统油坊和现代榨油机坊，图1-80为现代榨油机坊，里面有榨油的大型机器和储油桶。互助地区种植的农作物众多，其中豆类和油菜籽是榨油的主要原料。

[ɕtɕoːtsi kholko] "独木桥"

传统的搭桥形式，用一根木头搭在小河上供人们通过，通常由一根粗长的圆木或木板搭成。

1-83 ◆小庄

1-81 ◆大庄

[kholko] "石桥"

用石料建造的桥梁，有石梁桥和石拱桥。当地多为石拱桥，其外形美观，坚固耐用，结构简单，可就地取材。

[moːti kholko] "木桥"

用木头架设的桥梁，主要有木梁桥和木拱桥。木桥通常架在小河上供人通行。

1-82 ◆小庄

1-85 ◆大庄

[ɐjil ute] "牌坊门"

　　乡村的牌匾大门，是在新农村建设中出现的一种新的建筑式样，建在村口或通往村庄的必经之路上。由高大的门墩、门头和牌匾组成，用砖瓦建成。牌坊门精雕细刻、雄伟壮观，通常会在上面用醒目的大字书写村庄的名称，是村庄的标志性建筑和名片。

[ɐsɐr kholko] "楼桥"

　　建在河流上方的楼式建筑。当地本无楼桥，随着旅游业的开发，楼桥这种景观建筑也进入到当地。楼桥不但有实用价值，也富有审美价值，在其通道或楼层中可搭设观景台、餐馆等供人休闲的场所。

1-84 ◆威远镇

三 建筑活动

1-86◆洛少

[ker ɕtɕuːr] "房基"

房屋下面支撑房屋重量的部分，是确保房子稳定性和牢固性的重要部分。建造房屋前先打好房基，挖5—10米深的坑后灌满沙石混凝土，夯实筑牢后再砌墙，保证建筑物坚固耐用。

[vɑlqəsi nəː] "垒墙"

将砖头或土块垒成墙体。垒墙时不仅要把砖头、土块垒齐砌好，还要用和好的水泥或泥浆将其黏合加固，防止其脱落松垮。垒好后再用和好的水泥或泥浆把墙体抹光，叫 [ɕever surkuli] "抹泥"。

1-87◆大庄

互助土族语 壹·房屋建筑

59

1-88 ◆大庄

[tɕeske] "土坯"

用模子挤压、夯实制成的方形黏土块。制作土坯工序简单，可就地取材，是过去用来盘灶、盘炕、砌墙的主要筑造材料。制作时将黄土加入稻草或其他杂草，用水拌匀以后装在用木板制成的模具里，再用木板拍实、晾晒，干透即为成品。

1-89 ◆洛少

[liəŋ ɾku] "上梁"

安装、固定房屋顶层中心房梁的建筑活动。上梁要选择良辰吉日，因为上梁仪式的举行意味着房屋的主体结构已建造完成，上梁时，要在中梁的最中间凿一深槽，里面放入金银珠宝、钱币、酵母、柏香等物并用红布包裹起来，象征家庭兴旺、财源滚滚等美好寓意，中梁上面搭上红绸及哈达，中梁下面煨桑献供，中梁安装就位后，木匠从上面抛撒糖果、红枣、核桃，人们争相抢食，好不热闹。

[kɛɾ tæːɾi] "封顶"

房屋的主体工程已经完成之后，在房屋顶层放木条、压草、盖土的一系列建筑活动。当地农村建筑在封顶时，通常都在房顶上浇灌混凝土或铺设楼板。

1-90 ◆大庄

1-91◆大庄

[tʂhuɐntsi qɘɻqə] "上椽子"

椽子是屋面构件的最底层。上椽子是房屋封顶的工序之一，就是把椽子间隔约15厘米竖排放在檩木上，在其上面铺设木条后盖土封顶。

[ker lotɕhi] "房碌碡"

房碌碡比正常的碌碡轻便易用，是用来压实、磨平刚上泥的房顶的工具。过去农村房屋多数都是土木结构的平顶房，用泥土封盖的屋顶经不住长时间的雨水冲刷，每隔几年都要给屋顶封盖一次新土，时常用房碌碡压实新上的房顶泥土。农户人家平时将房碌碡置于房顶之上，便于随时用其平整房顶。

1-93◆小庄

1-92 ◆大庄

[te pʰusqɤ] "立门"

　　将制作好的大门立起来，固定住，是建造房屋或庭院过程中的一个重要环节。当地人通常会选择良辰吉日举行立门仪式，认为大门是家家户户的门面，不能立歪或装斜，要做到门庭立正，坚实牢固。

国家级传承人

贰·日常用具

土族人民生产生活中使用的日常用具与他们的居住环境、生活习惯、文化底蕴息息相关。他们日常使用的炊具、卧具、家具，无论在样式、制作工艺还是在用法上，都将农牧文明相结合的特点展现得淋漓尽致，不仅体现着深居高原地区、依山傍水的自然特色，还展现着受藏传佛教影响所带来的文化印记。

日常用具中炊具和其他用具种类最多。土族居住于高原相对寒冷地区，自古以来居住在土房里，随着社会生活的发展迁入到砖瓦房居住。三面或四面环绕的庄廓内，卧室大都有土炕，从前还有板炕，炕洞门通向院外或墙外，便于烧火暖炕，客厅里通常都有生火取暖的火炉。随着生活水平的提高，现今大部分农户家中都已安装暖气等先进供暖设施；厨房内有小巧玲珑的锅碗碟盏，也有大气整洁的桶缸瓢盆以及大小不一的盆盆罐罐，各式各样，各有各的用处。卧具和桌椅板凳等家具则与其他民

族大相径庭。

  这些日常用具的材质多以木质为主,也有不少铁器、瓷瓦器、金银器和铜器用具,以及用竹子编制的用具。日常用具外观精致,手工独特,从它们的做工、构造、用途就能看出勤劳的土族人民用智慧创造美好生活的悠久历史和发展过程。土族阿姑_{姑娘}手艺精湛,几乎都会刺绣,土族阿嘎_{叔叔}木雕手艺巧夺天工,他们用勤劳的双手,依靠当地丰富的自然物产,就地取材,制造出各种各样的日常所需用具,创造着美好生活。

  日常用具中也渗透着地方民族文化特色。其中酒器占有一定比例,从酒杯酒壶到酒缸酒桶,不同材质、不同类型的酒器用法也不同,充分展现了当地人民热情好客、注重礼仪的民族风情,体现着"醉美互助"青稞酒盛产之地的风采。

一 炊 具

2-1 ◆大庄

[tsoːxʋɐ] "灶"

　　厨房最主要的烧火做饭设施。灶一般设在厨房的某一角落，之前大多用土坯砌成，用泥土抹面。现在则是用砖砌成，用水泥抹面，有的还贴上瓷砖。土族人认为，灶不只是一种烧火做饭的设施，还是火神的象征，也称之为"灶神"，所以禁止将污秽之物放进灶里燃烧，要保持灶的整洁、神圣。

[tsoːxʋɐ ɐmɐ] "灶门"

　　灶的添柴处和烧火口。灶门呈方形或圆形。方形灶门的门楣横放一块砖或石板，圆形灶门大部分直接用泥浆抹光，有的用铁片做一拱形加固。由于对火的崇拜，土族人家的灶门非常干净。

2-2 ◆小庄

68

[khɜuɕeŋ] "火炉"

　　用于烧水和取暖的铁制用具。火炉是随着人民生活的日益改善而逐渐使用起来的取暖用具，因当地冬季天气寒冷，家家户户都在客厅或卧室里安置铁火炉。

2-3 ◆ 大庄

[jerkoŋ] "火堆"

　　"火堆"是20世纪80年代以前土族人主要的取暖方式。主要在灶连炕式的土炕中央堆火取暖。生火堆时先铺一层土，上面再铺上羊粪、麦草渣或碎柴，最上层再覆盖未烧尽的木柴或麦草余烬，使其慢慢燃烧。既温暖屋子，又积攒农家灰肥。有时也会在火堆中间堆立干牛粪块，在上面吊壶烧水。

2-4 ◆ 小庄

2-5 ◆小庄

[xoŋcɐː]"风箱"

　　助燃的工具，由一个木箱和一个可推拉的把手构成。通过抽拉风箱把手提供风力。这是较为古老的用具，现在风箱已经很少见到，鼓风机已经代替了风箱。

2-10 ◆大庄　　　　　　　　　　　　2-8 ◆小庄

[qɐl tɕhempiː]"火铲"　　　　　　[ɕɐqtir]"火钳子"

　　用于掏挖炉灰、灶灰的小铁铲。主要用途是将煤炭铲入火炉，还可以掏出炉灰。

　　夹柴、夹火的工具。形状似剪刀，但没有刃，把手短，前部细长，利于插入火中。

2-11 ◆大庄

2-7 ◆大庄

[thumur khisʒu] "火钩"

用于钩拉柴火煤块、通风助燃的烧火工具。通常用一根硬铁丝制成。

[thuko:] "锅"

主要的炊事用具之一。可用于对食物进行烹、煮、煎、炸、炒等。锅盖有木板的，也有铁（铝）的。

2-6 ◆大庄

2-9 ◆大庄

[khisʒu] "烧火棍"

向灶里送柴捣柴的工具。过去都是用一根叉形细木棍做成，现在则大多数用铁棍代替。

[qel kurʨek] "火锹"

用于煨炕的铁锹。主要用途是把碎柴、牛羊粪渣等铲入炕洞，还可以掏出灶洞、炕洞里面的余烬。

2-12 ◆大庄

[tʰəloːr] "蒸笼"

　　土族人饮食以面食为主,除了各种各样的面条和面片等饭食之外,包子、馒头、花卷等馍馍也是主要食用的面食。蒸笼是蒸包子、馒头、花卷等蒸馍的炊具,农家用的蒸笼都是纯手工制作的,一般用薄木板制成圆形外壳,用竹条或者柳条编制成里面的笼条。

[khuŋko:tsi thuko:] "锟锅"

专门烤制馍馍的铁锅，是互助农户家中最常见的炊具。烤制馍馍时，将切成小块的面团放入锅内，然后埋到火灰中，慢火烤制。

2-14 ◆ 大庄

[tsimpe:] "蒸箅"

竹条、木条或铝片制成的，通常放在锅里用来蒸熟或加热食物。

2-13 ◆ 大庄

[lɐrsi] "小木桶"

制作精美的小型木桶，用轻质杉木加工而成。小木桶没有提手，不易来回搬动，但轻便小巧，用于厨房内装牛奶、食用油等液体。随着陶瓷和金属器皿的普及，现在并不多见了。

2-15 ◆ 小庄

互助土族语 贰·日常用具

73

2-19 ◆小庄

[mɛːɕoː] **"小木勺"**

用来舀水或油等液体的工具。用木头制成，勺把较长，便于从较深的水桶或油桶中舀水或舀油。现在大都是铁制或塑料制的，但其名称仍叫"木勺"。

2-20 ◆大庄

[sɛːtsi] **"礤床"**

一种由带斜孔的金属片制成的常用厨具。用于擦削瓜果成丝。

2-16 ◆威远镇

[thoːtsi sǝulqɐ] **"油桶"**

用来储存油的木桶。油桶的体积较大，有盖子，盖子上还有一个小口子，从口子里放入木勺舀油。储存在木桶里的油不易变质。

2-21 ◆小庄

[tɐɹtsi kuŋkoːɹ] **"盐罐子"**

存放食盐的陶瓷器皿。盐罐子上下窄，中间宽，口较小，体积不大，便于放置在碗柜里和案板上。

2-17 ◆威远镇

[sɜulʤ] "木桶"

  早期用来背水、驮水、储水的木桶。木桶上窄下宽，放置在家中存水，盖上小木盖子可防水里飞入尘土、杂物等。木桶的制作手艺也十分精细，通常用两根藤条固定在桶底和桶腰部位，使其不易裂开。

[thi:toŋ] "提桶"

  提水的小型木桶。体积较小，桶口上有两个对称突起的耳朵，中间用横木连接，便于手提或者用扁担挑起。用提桶从水井里打水，挑回家中将水倒入木桶里储存。

2-18 ◆大庄

互助土族语 贰·日常用具

[thɐr tɕɤrtoŋ] "石臼"

2-25 ◆大庄

臼是土族农户家中常见的捣磨工具，由臼窝和臼锤两部分组成，分为石臼、铁臼、陶瓷臼和木臼四种。石臼是在方形石块的一面凿出凹状窝制成，较为牢固且耐用，用于捣碎带壳或较坚硬的食材。

[lɐnpen] "长案板"

放置在厨房的案板子，主要用于擀面和切菜。有的长案板做成长桌子样，或者直接将长木板搭放在水缸、油缸上。长案板上放置菜板子、盐罐子、锅碗瓢盆、蔬菜等厨房里的杂物。以前没有专用的碗柜时，把碗盏也摆放在长案板上。

[tɕhe:pentsi] "菜板子"

用菜刀在上面切菜、剁肉的简易木板子。过去的菜板子都是自制的小木板子，案面较为粗糙，现在的菜板子都是通过加工制成，板面光滑，且更耐用。农户家里往往备有两到三个菜板子，一个用于剁肉，板面较厚，一个用于切菜，板面较薄且轻便，还有专门和面的面板。

2-23 ◆小庄

2-22 ◆小庄

2-27 ◆小庄

[meŋku tɕeŋɕi] "银碗"

银制的碗，通常用来喝酒。过去，银碗能彰显使用者的尊贵身份，现在土族人迎接贵客时，也会用银碗敬酒，表达对客人的尊重。逢年过节时，长辈们也喜欢用银碗喝酒。

2-24 ◆小庄

2-26 ◆小庄

[tɕeŋɕi] "木碗"

木制的碗，通常用于喝奶茶。过去，陶瓷碗未普及之前，人们大多数使用木碗，现在木碗的制作越来越精细，成了工艺品。相较于陶瓷碗，木碗不仅轻便，且更结实耐用。

[kentʂheŋ] "擀面杖"

用木头打磨加工而成，在面板上滚动，挤压面团等可塑性食材，擀成饼状，或者用于碾碎豆粒等颗粒状食材。根据擀面的实际需求，选择长短不一的擀面杖。土族多以面食为主，擀面杖是家家户户必备的炊具。

互助土族语 贰·日常用具

77

2-28◆大庄

[kɤʳkɤŋ]"碗柜"

　　收纳碗筷、瓢盆的储物柜，用上好的木材钉制而成。通常是左右双开式，上下两层，放置在厨房一角。老式的木制碗柜，材质较为粗糙，且黄漆漆面。

[ɕu:ʳ tɕhelɔŋ]"筷筒"

　　收纳筷子的器具，有竹筷筒、木筷筒，也有塑料筷筒。在厨房里，筷筒往往放在碗柜里或挂在高处。

2-29◆大庄

[tɕɐkliu] "铁勺"

用来炒菜和舀饭的工具，勺头是铁质的，但把手有木质的和铁质的，把手长短不一，根据不同需求选择。

2-30 ◆罗少村

[lɜufoːtsi] "漏勺"

用来捞面食的用具。在锅里用水煮面，煮熟后用漏勺捞出来吃。

2-33 ◆大庄

[ʂke tɕɐkliu] "大铁勺"

容量较大的勺子。大铁勺除了盛舀的功能，还能当锅来使用。相对于锅，大铁勺比较浅，把手较短，可用于翻炒少量食材。

2-31 ◆小庄

[ʂnɐʐ] "大木勺"

专门用于舀取面粉的勺子。互助地区土族人爱好面食，大木勺是必备用具。通常较大。现在，大木勺逐渐被铁制和塑料制的大勺子所替代。

2-32 ◆大庄

2-34 ◆小庄

[xɜulʐɑ] "炒面勺"

　　土族人爱吃炒面，炒面用青稞面炒制而成。吃炒面时专门用的木制小勺子叫作炒面勺。图中是婚礼上使用的炒面勺，上系白色的羊毛，以示吉祥。

2-37 ◆大庄

[koːfɐːtsi] "锅刷子"

　　用当地杜鹃等有香味的灌木做成的简易小炊帚，用于刷洗锅盆。

[thɐʋek] "木碟子"

　　纯木质的碟子，做工十分精美。木碟子有大小之分，大的用来装馍馍，小的用来端酒杯。土族人在木碟子里端三杯酒，敬献给远方的客人，以示欢迎和尊敬。

2-39 ◆大庄

[teːrɐltɕin] "木盘"

　　专门用来放置馍馍的木质大盘子。木盘面积大，呈长方形，适于放置各种馍馍。迎接客人时，在木盘里装满馍馍献上，充当饭前的点心，也是必要的待客之道。

2-40 ◆大庄

[tsoːxʋɐ thiutɕi] "炊帚"

　　用于打扫锅台、案板等的刷子，通常用芨芨草做成。

2-38 ◆大庄

[ʂtime sentɕɛːr]"馍馍叉"

炸馓子、盘馓等食物时使用的炊具。叉子用钢丝或铁丝制成，手柄用木头制成，用于从沸腾的油锅中捞出馓子、盘馓等盘条状食物。

[ʂtime ɕuːr]"馍馍筷"

炸馍馍时使用的长筷子，由两根细长的木条做成。炸馍馍时用馍馍筷反复将馍馍翻搅使其受热均匀，防止被炸焦，馍馍筷较长，防止油炸时将手烫伤。

[tʂeŋpʰen]"端盘"

用来端饭菜的木制大盘子，呈正方形。家中设宴时，妇女们将炒好的好几道菜品用端盘一起端上来，省时又省力。

[ʋɛːtɕek pʰintsi]"瓷瓦盆"

用陶瓷烧制而成的小盆子，体积较小，用来盛装或洗涤瓜果蔬菜，也可存放剩饭剩菜。

互助土族语 贰·日常用具

81

2-45 ◆小庄

[pʰei] "灶炕"

与灶相连的炕。通常在炕和灶台的中间立起约半米高的矮墙或木板，使之隔开。吃饭时，在炕上放上炕桌，从矮墙上接过饭菜非常方便。炕灶连接的好处在于做好饭菜的同时也烧热了炕，一举两得。

[iːkʰeŋ eme] "炕洞门"

土族民居的炕洞门一般单独设在院墙外，从炕洞门烧火或煨火，烧热家中的土炕，既不污染房间，又使房间非常暖和。

2-46 ◆大庄

2-44 ◆威远镇

[penkheŋ] "板炕"

用木材修造的炕，板炕没有炕洞门，将炕面的活动木板取下来煨火。

[i:kheŋ] "炕"

土族民居内最重要的部分之一，先用土坯或者砖头砌炕脚，在炕脚上搭上用水泥或者泥土制成的炕板，最上层抹上黄土泥，炕沿上再搭一条长木条，炕的正面可以贴瓷砖，底下留炕洞，睡觉前从炕洞门煨火。土炕有很好的保暖作用。

2-43 ◆大庄

[tɪrɛ] "枕头"

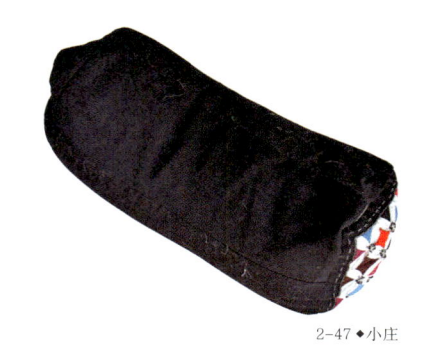

土族传统的枕头用布料缝制而成，呈长方形，筒状，里头填充荞麦皮，两头绣花，美观又舒适。

2-47◆小庄

[ɕtɕɛŋ] "毡子"

用羊毛等轧成的类似于厚呢子或粗毯子的垫子。毡子非常实用，因为土炕比较硬，铺上一层毡子既能保暖又舒服。擀毡是土族人以前比较拿手的活儿，擀出来的毡子一部分卖钱，一部分自己用。

2-48◆威远镇

三 桌椅板凳

2-49 ◆大庄

[pʰei ɕireː] "炕桌"

放在炕上的桌子，长方形，四条腿，高约 20 厘米。自古以来，土族居住于土瓦房，火炕是家家户户必不可少的居所结构，炕上放置炕桌是一种传统习俗。炕桌上摆放馍馍、茶水、酒壶、炒面等，用以日常食用，接待宾客。如今，摆放炕桌的习俗只有在村庄有所留存。

[penteŋ] "板凳"

自家制成的，通常没有靠背，在农户家中较为常见，做工注重实用，便于携带。闲暇时，老人们拿着板凳到广场、十字路口等地晒太阳和聊天。

2-50 ◆大庄

互助土族语 贰·日常用具

2-52◆大庄

[xo:phin ɕireː] "火盆桌"

　　放置火盆的器具。将四方形的小木桌在中央挖出能够放置火盆的圆形空间，上置火盆，放在炕上。既能固定住火盆，又干净整洁，也安全防火。

[ʂtur penteŋ] "长凳子"

　　没有靠背的木质长板凳，可坐多人，用于聊天、宴席等场合。

2-51◆大庄

四 其他用具

2-53 ◆小庄

[ketɛrɛ:] "木盆"

较为传统的洗脸用具。制作木盆时就地取材，将木料锯成等长木板，安装圆形木板盆底，用铁箍扎紧上下边缘。相比于塑料洗脸盆，木盆更经久耐用。

[tsɛipe: thiutɕi] "长把扫帚"

用芨芨草制成的扫帚。将芨芨草整齐地扎成草束，捆绑在一根细长的木棍上，用于打扫院落。

2-54 ◆大庄

2-57◆小庄

[eːsi suːl] "牛尾掸子"

用牦牛尾巴制成的掸子。牦牛尾巴结实，富有韧性，尾毛精细，将牦牛尾巴尖端剪下来，绑在一根光滑的木棍上。用于打扫屋内桌椅板凳上的灰尘。牛尾掸子掸柄较短，掸身光滑，结实耐用。

[tiɿesi thiutɕi] "芨芨草扫帚"

用芨芨草制成的扫帚。芨芨草在村庄周围较为常见，就地取材，捆绑制成。也有用高粱穗子和竹条做成的扫帚，通常用来打扫院子。

2-55◆大庄

[tinluːr] "灯笼"

用木头制成木架子，里面固定一盏清油灯，木架子外面糊上一层纸，就能制成一盏简易的灯笼。以前每逢过年过节，家家户户都会制作灯笼挂在门前，富裕人家用彩纸糊，普通人家则用白纸糊。

2-58◆大庄

2-56 ◆小庄

[tɛntsi] "鸡毛掸子"

　　用鸡毛绑扎而成的清除灰尘的用具。

2-59 ◆大庄

[xuɛ tho:tsi tɕile:] "油灯"

　　由灯盘、灯芯、灯座等构件组成。灯盘和灯座通常是用生铁制成的，灯芯则是将麻或棉捻成绳状而制成，油是当地产的植物油。过去作为照明用具，现在已被电灯取代。

2-60 ◆大庄

[thɛmpiɾi:] "小坛子"

　　用陶瓷烧制而成的容器。小坛子体积较小，坛口、坛底较窄，坛身较粗。小坛子一般用来装食用油、酒等液体。

2-61 ◆大庄

[thɛm] "坛子"

　　相对于小坛子体积较大，坛口也较宽，有四个小耳朵，通常表面光滑，并刻有精美的花纹，用来腌制咸菜、储存食物等。

互助土族语　贰·日常用具

89

2-63◆威远镇 　　　　　　　　　　　　　　　2-66◆小庄

[thoːtsi thɛmpiriː] **"油坛子"**

　　用陶瓷烧制而成，专门用来装油的坛子。油坛子有大有小，坛口窄，坛身长，带有盖子，表面光滑，上宽下窄。家家户户常备油坛子，储存猪油、菜籽油，通常置于阴凉处。

[thoːtsi kɛŋ] **"油缸"**

　　油菜是互助土族重要的农作物之一，榨菜籽油是当地生产生活的重要内容。油缸是榨油坊里用来储存食用油的缸。油缸口子大，配有木制的盖子。

[tirɛːsi thɛn] **"酒坛子"**

　　专门用来装酒的坛子，酒坛子大小不一，通常坛口较窄，带有盖子。互助县有浓厚的酒文化，家家户户都有必不可少的酒坛子。

2-62◆威远镇

[stsu keŋ] "水缸"

盛东西的器物，一般底小口大，有陶、瓷、搪瓷等各种质料制成。普通人家用的一般都是陶瓷缸，用来腌制咸菜、储藏瓜果、放置馍馍、储存水等。过去，由于从较远处挑水吃，因此需要有容量较大的水缸储存饮用水，这种专门储存饮用水的缸叫作水缸。

2-65 ◆小庄

[tireːsi keŋ] "酒缸"

互助县素有"酒乡"之称，土族民间酿酒历史源远流长，青海互助青稞酒厂享誉国内外。因此不论农家个户还是酒厂，陶瓷酒缸自古以来是储存美酒最好的器物。酒缸一般体积大，口子小，上宽下窄。用陶瓷酒缸储存的酒，可以长期保存，不变质，不变味，醇香绵甜，回味无穷。

2-64 ◆大庄

[theŋri] "大瓷罐"

体积较大、罐口较宽、里外光滑、罐壁较薄。瓷罐与坛、缸相比，通常是壁薄体轻的容器，常用来装牛奶、酱料等。制作精美的瓷罐子带有花纹，形状上也会美观一些，一般带有罐耳、把手等。

2-68 ◆大庄

[ɕeːtiriː] "陶罐"

用陶瓷烧制而成的小型罐子。陶罐颈长，口窄，罐身宽，罐底窄，颜色多样，用于装酒、奶、油等液体。烧陶工艺流传至今，在土族古老的生产生活中发挥了重要作用。

2-67 ◆大庄

2-69 ◆大庄

2-72 ◆大庄

[tsutsuːr] "小瓷罐"

　　用陶瓷烧制而成的小罐子。一边有小嘴，另一边有小把儿，做工精细。通常在家中老人用于喝茶、喝酒。

[tɕheː thiːxu] "茶壶"

　　用来烧水熬茶的茶具。有铁（铝）制的，也有铜制的。土族人喜欢喝茶，不论平时还是待客时，家中通常在火炉上烧着水，熬着茶。

[khumorko] "箱子"

　　土族人家中常见的家具，用于装衣物、被褥等物品。箱子通常是一对，掀开式结构，安置锁扣。土族木工多，且木雕手艺精湛，制作木箱子当做出嫁女儿的嫁妆是过去的一大重要婚嫁习俗。通常刻有精美图案，以上好的木材制成，涂红漆。

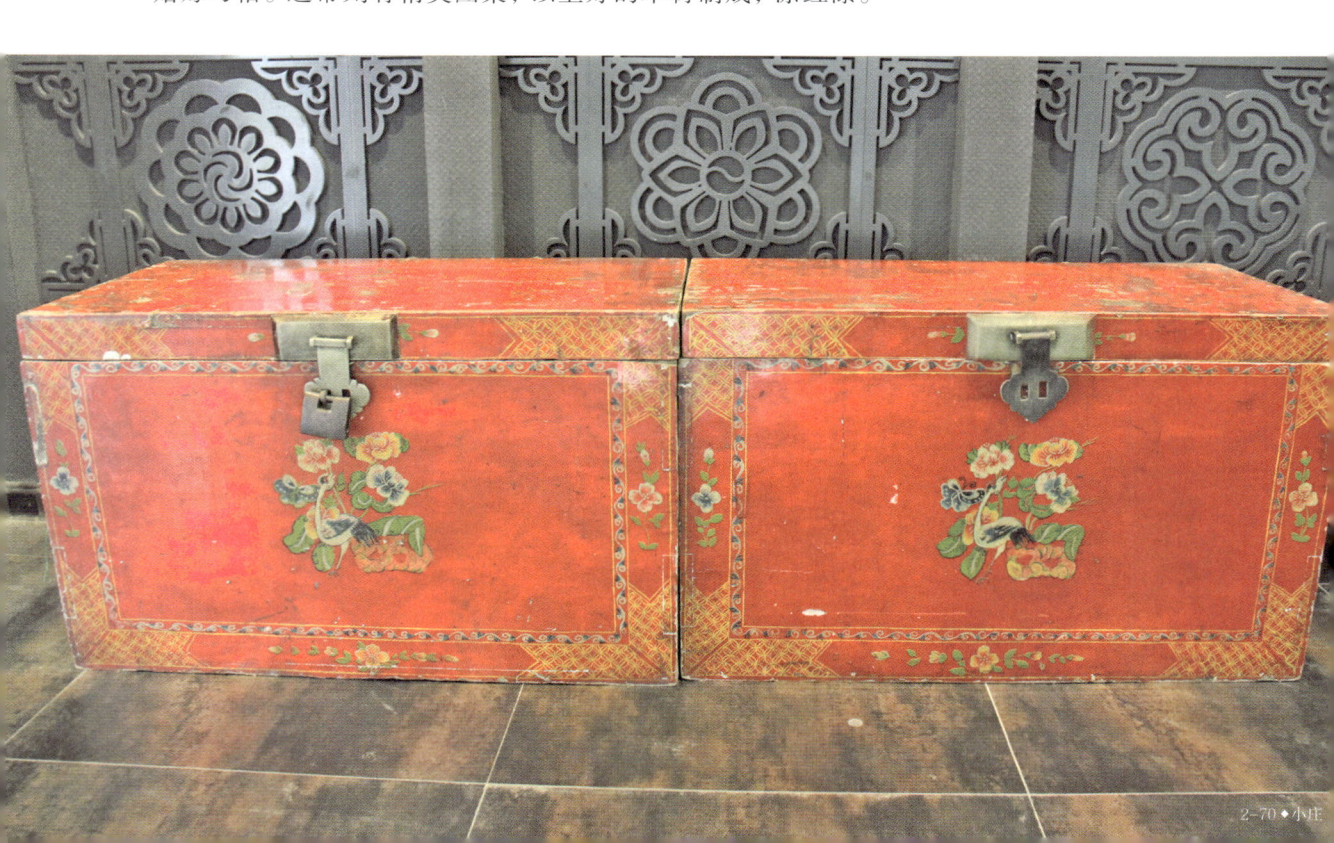

2-70 ◆小庄

2-74 ◆小庄

[tɕhɛː ɕeːkoː] "茶罐子"

茶罐子罐口宽，上宽下窄，带有把手和小嘴。过去，茶罐子是专门用来炖茶的用具，如今用得比较少，逐渐被茶壶、电壶替代。

2-75 ◆威远镇

[meŋku tɕhoktɕok] "银杯"

用来饮酒的器皿之一。银杯非常珍贵，通常用于迎接贵客或者婚宴、寿宴等重大场合。

[xuxutsi] "壶"

壶的种类繁多，可装酒、茶、油、酱油、醋等液体。通常体积小，有铁制、铜制和陶瓷壶。制作工艺十分精湛，形状多样，并刻有比较精美的图案。

2-71 ◆大庄

[tirɛːsi xuxutsi] "酒壶"

专门用来装酒的小壶。酒文化浓厚的互助土族人民家中有各式各样的酒壶，材质、大小不一，做工精美，带有花纹的酒壶外观独特，摆放在茶几、桌子上。

2-73 ◆大庄

[moːti tɕhoktɕok] "木杯"

　　用檀木制成的酒杯。体积小，不易碎，制作简易，环保耐用。过去木杯用得较多，如今大都被玻璃杯替代。木杯多用于农户日常生活中，不用于隆重场合。

2-79 ◆小庄

[qoril leŋthi] "面锤"

　　木质的小榔头，锤把较长，锤头较小，用来捶打面柜里的面粉。过去，当地人自家磨面，由于储存环境不适宜，长时间储放的面粉易受潮成团，面锤用于打碎面团。

2-76 ◆小庄

[thelqɛ stsɛmɕeŋ] "炒面升"

　　用来装炒面的方形容器，纯木质，刻有各种花纹，通常装满炒面后放在桌子上。

[thelqɛ pekuːr] "炒面盒"

　　用来装炒面的圆形盒子。做工十分精美，选取上好木材制作而成，漆上彩漆，印上花纹。装满炒面的炒面盒置于茶几、餐桌上。

2-77 ◆大庄

2-78 ◆小庄

中国语言文化典藏

94

[ɕtɕoːtsi tɕʰeloŋ] "树皮篮子"

用柳条编制而成的篮子。圆形，用细木条制成提手。树皮篮子通常都是小型的，在日常生活中可以装鸡蛋、瓜果、蔬菜等，方便提带。

2-82 ◆ 小庄

[xolosi tɕʰeloŋ] "竹篮子"

用竹子编成的用具，用以装瓜果蔬菜、农作物等。结实耐用，轻便省力。

2-83 ◆ 小庄

[kʰuɾi] "斗"

用来盛或量粮食的木质器具。一斗约50公斤。

2-80 ◆ 威远镇

2-81 ◆ 大庄

[loːku] "升"

用来盛或量粮食的木质器具，容量为斗的十分之一，约5公斤。

2-84 ◆小庄

2-85 ◆小庄

[moːti kutɕhek] "木槽"

用木头制成的食槽。通常用为马槽，容积较大，里面搁置喂马的草料。猪槽也有木制的，通常将一根粗木桩的一面弄平，另一面挖出一条槽做成。

[thumur kutɕhek] "铁槽"

放置在牛羊圈里、院子中央或水井旁边，供牛羊饮水用。

[khite] "火镰"

一种传统的取火用具，因其形状似弯弯的镰刀而得名。火镰取火的方法是将火镰口的铁与火石撞击产生火星，再借助艾草的易燃性引出火种。在过去，土族男人常常把火镰佩带在腰间，方便取用，现在已成了土族男士佩带在腰间的饰品。

2-87 ◆小庄

[ther kutɕhek] "石槽"

用石头凿刻制成的槽。通常用做猪槽，安置在猪圈里，不易移动，防止猪拱食时将槽拱翻，石槽牢固耐用，不易损坏。

2-86 ◆小庄

2-89 ◆威远镇

[pɐːsi xqor] "粪块模子"

　　制作牛粪块的模具。过去,土族以放牧为生,牛粪是很好的燃料,但是自然晾干的牛粪松散易碎且燃烧不持久。因此勤劳智慧的土族人把牛粪收集起来,调和成泥状,用粪块模子压制成粪块,容易保存,且燃烧持久。

[xoːphin] "火盆"

　　装炭火的铁盆或铜盆,是20世纪80年代以前老百姓家里经常用来取暖的用具。火盆主要用于主房客厅中生火取暖。火盆里除了用煤炭、木炭生火以外,还可以烧干牛粪块。

2-88 ◆小庄

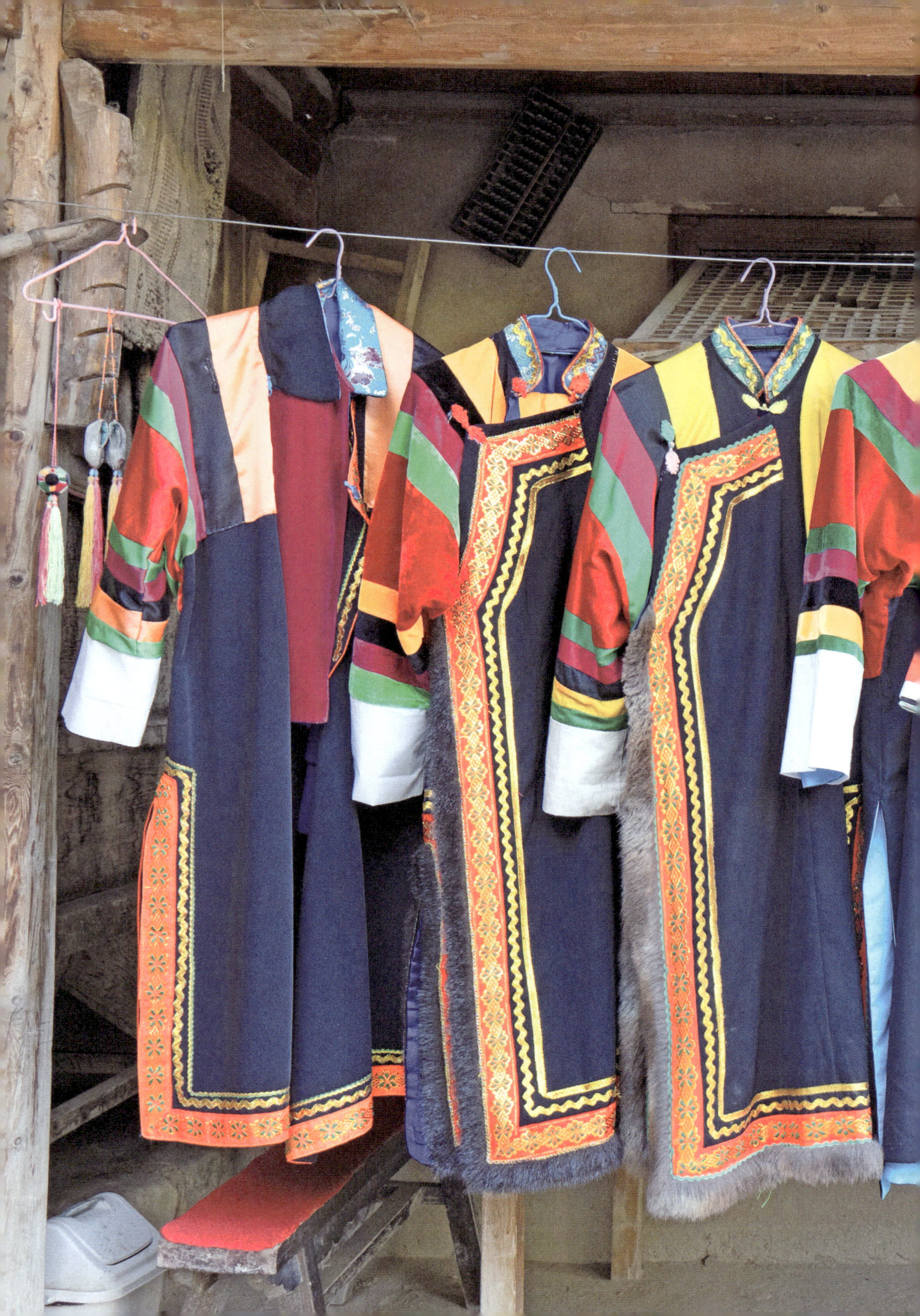

叁·服饰

互助土族服饰光鲜亮丽，风格独特，有浓重的民族特色。随着时代的变迁，土族的服饰种类发生了一些变化，但最基本的样式没有太大的改变。元宝形的毡帽、门襟交叉的褡子、开衩式的袍服、色彩斑斓的腰带和长筒鞋袜等特色服饰一直保留至今。这些特点和风格也显示出土族曾经游牧生活的痕迹。

互助地区土族服饰分为东部"伏兰诺日"服饰、中部"哈拉齐"服饰和赤列山附近的"特哇尔托洛盖"服饰，"伏兰诺日"服饰指的是五十、红崖子沟、松多等乡（镇）土族所着的服饰；"哈拉齐"服饰指的是丹麻、东沟、东山、威远、台子等乡（镇）土族所着的服饰；"特哇尔托洛盖"服饰指的是五十、丹麻、东沟、东和、林川等乡（镇）靠近赤列山的地方以及威远镇、台子乡个别土族村庄的土族所着的服饰。上述三种服饰的男装基本相同，主要区别在于妇女的发式、帽子、衣服的式样和花袖上，各自呈现不同的特点。

土族传统服饰男女有别，各具特色。男式的特色服装有白毡帽、四片瓦帽、绸缎褂子、男褐衫、夹衣、男鞋等。女式的特色服装有黑毡帽、插花礼帽、女褐衫、花袖衣、裙子、女裤、绣花鞋等。在佩戴的首饰方面，女式的首饰无论是在种类还是在数量上都要比男式首饰多。男式配饰主要包括一些腰饰、戒指、手镯等，而女式的首饰多种多样，样式繁多。

目前，大众服饰越来越多地进入了土族人的生活当中，对土族服饰的影响越来越大。现在，除了一些老年人之外，人们在生产劳动和日常生活中穿着舒适便利的大众服饰，一般在婚丧节庆、集会等重大活动中穿着本民族服饰。值得欣慰的是，随着近几年互助县土族民俗旅游业的蓬勃发展，传统服饰又在民俗旅游的舞台上和日常生活中展示着她极其迷人的魅力和无穷的风采。2008年6月7日，土族服饰经中华人民共和国国务院批准列入第三批国家级非物质文化遗产名录。

3-1 ◆小庄

[kʋɐtsi] "马甲"

　　用绸缎、布料、褐子粗布等材料缝制而成的无袖短上衣。斜襟翻领，前襟右侧缝有胸兜，衣边、袖口和领口绣有花纹。分为男式和女式，男式马甲通常穿在夹衣、衬衣、汗衫外面，扎上腰带，显得干净利落；女式马甲则穿在长衫外面，不扎腰带，显得端庄优雅。

3-5 ◆威远

[ʂtur koːti] "棉袍"

　　比棉袄长的棉上衣。衣长过膝，长袖斜襟，有小立领，也有翻领，女式棉袍衣领、袖口绣上花纹或贴边装饰。棉袍与皮袄作用相仿，是冬季常穿的保暖长衣。

3-3 ◆大庄

3-2 ◆大庄

[o:linti:] "夹衣"

用布料、褐子、锦缎等材料缝制而成的男性长袖短上衣。斜襟，里外两层，衣领可立领也可翻领，穿着时腰间需扎腰带。夹衣是最常见的土族男子服饰，适宜春秋季节穿着，轻巧而便捷，深受中老年人的喜爱。

[nikhi:] "皮袄"

用羊皮缝制而成的长皮袄，现多用人造皮革缝制，其中羊羔皮缝制的皮袄属于精品。常见的皮袄用光滑精致的布料套上面子，边沿、领口、门襟以及袖口镶上民族特色的花边或用水獭皮毛装饰，显得富贵华丽，穿着时扎上腰带。皮袄通常长过膝盖，具有很好的防寒护膝作用。

[ko:ti] "棉袄"

絮有棉花或羊毛，外部多用蓝色或黑色布料缝制而成的短上衣。多数为小立领，少数也有翻领，长袖斜襟，分为男式和女式，男式棉袄有胸兜，不加边饰，女式棉袄衣领、袖口绣有花纹或贴边装饰，图中是女式棉袄。

3-4 ◆威远

3-6 ◆大庄

[murkuŋɕir] "女褐衫"

用白色或黑色自制的羊毛褐子制成的长衫。女褐衫有大圆领，没有里子，衣长过膝，左右两边有衣衩，袖口、衣领绣有花纹，是过去妇女经常穿的衣服，现在较为少见，适宜在春秋季节穿着。

[leʂtɕeŋ] "男褐衫"

用白色或黑色自制的羊毛褐子制成的长衫。男褐衫有小立领，没有里子，左右两边开衩，袖口、衣领处通常用彩色布条镶边。这种长衫厚薄适中，适宜在春秋季节穿着，在婚礼上，男方娶亲人"纳什金"必须穿白色男褐衫。

[uŋɕir] "女袍"

女式长袍，里外两层，里层用软布料，外层用材质较好的布料。有别致的绣花衣领，衣襟为斜扣式，衣扣子与镶边的布料颜色搭配，两边开衩较大，便于行走，袖口、衣襟的边缘用彩色花边或珍贵动物皮毛装饰，穿着时扎上腰带。

3-7 ◆小庄

3-9 ◆小庄

[simpe:] "男袍"

男袍有里外两层，里层用软布料，外层用质量较好的布料或绸缎制成。衣领与门襟相接，门襟用绸缎或水獭皮缝边，袖口、衣襟的边缘用彩色布条装饰。在重要节日活动、婚宴、集会上穿着。

3-8 ◆ 大庄

[ɕʐusʐutiː teːl] "花袖衣"

土族妇女传统服装之一，其中"五彩袖服"是最为典型的款式，由红、绿、黑、黄、白五种颜色的布料制成衣袖，红色部分较宽，居上臂中部，自中部向两边依次为较窄等分的绿、黑、黄三色，分别在肩部和肘部关节处，袖口为白色。其中，红色象征太阳，绿色象征草原，黑色象征大地，黄色象征丰收，白色象征纯洁。20世纪80年代，人们为了使花袖衣更加鲜艳美观，在绿色和黑色中间又增添了粉红色。主要在参加重要节日、婚宴、集会时穿着。

3-10 ◆小庄

[nemnoŋ] "女长衫"

女子穿的单层长衣。用绸缎或薄布料缝制而成，有小立领，袖子较长。老年人穿的长衫一般全身通黑，年轻妇女穿的长衫则在衣袖、衣领、衣襟上套五彩花袖，绣上精美的花纹，展现年轻人的朝气和对美的追求，轻便简捷，适宜在夏季穿着。

3-11 ◆小庄

[xenteːtsi] "汗衫"

男子穿的薄上衣。用白色绸缎、软布料制成，衣领为高立领，上面绣有精美的花纹，门襟为斜扣式，缝有精致的纽扣，袖口和门襟用彩色布条镶边，有的在胸口绣上盘花，显得更为美观，通常扎上腰带，适宜夏季穿。

3-12 ◆小庄

3-14 ◆小庄

[puli: te:l] "儿童上衣"

　　传统儿童上衣由衬衣和坎肩组成，穿着时把坎肩套在衬衣外面，衬衣以白色为主，坎肩颜色为蓝色或紫红色，门襟为斜扣式，衬衣袖口和坎肩边缘绣有花边，现在多为坎肩上缝制衣袖，合二为一制成假两件式儿童上衣。

[the:ʋenti: muleː te:l] "女裤"

　　用布料缝制而成的裤子，膝下部分套一节裤筒，土族语叫作"帖弯"，帖弯上沿为一寸宽的白边，称为"哈吉尔嘎"，下沿为半寸宽的蓝边或红边，称为"奇日耶"。帖弯颜色的不同，是区分已婚女性和未婚女性的标志，已婚女性的帖弯为蓝色，未婚女性的帖弯为红色。

3-15 ◆小庄

3-16◆小庄

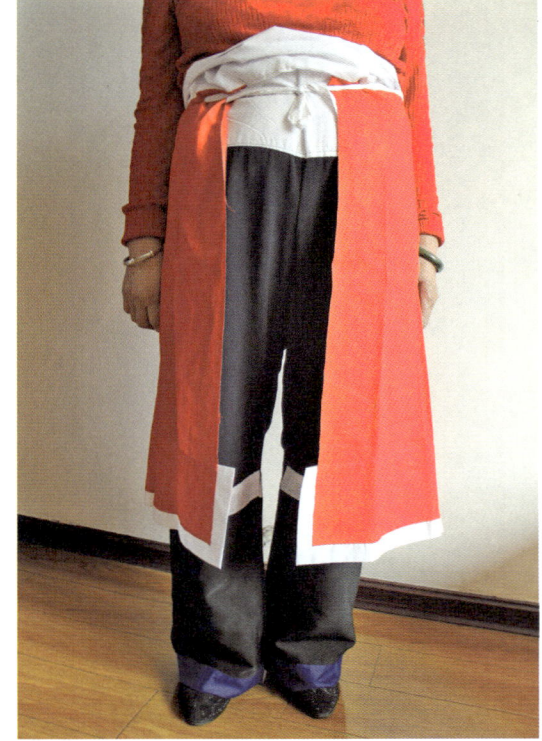

[mulɛ: te:l]"男裤"

　　用黑色或蓝色布料缝制的裤子。传统男裤上宽下窄，裤脚既可以裹住下沿，也可以套在袜子里，显得格外精神，又非常保暖，适合在高寒地区进行农业生产劳动时穿着。

3-17◆小庄

[xoɾmi:]"裙子"

　　妇女穿的红色褶裙。裙子上部有五寸宽的白色裙腰，下部有半寸宽的白色裙边，裙子套在裤子外面，衣服里面，既能起到装扮作用，又能起到一定的保暖作用。传统的红色裙子由古代的战裙演变而来，现在并不多见。

[tiutiur]"兜兜"

　　缝制在上衣右胸前的口袋。土族人比较注重胸兜的装饰，采用土族传统盘绣技艺，绣上各种花纹，主要以太阳花为主。胸兜不仅有装饰作用，也可装随身携带的钱包、钢笔、打火机等小物件。

3-13◆小庄

二 鞋帽

3-18◆小庄

[thiːsən molqə]"毡帽"

　　没有镶边的纯毡帽。土族人在日常生活中最常戴的帽子，用羊羔毛或软羊毛制成，不分男式和女式，帽顶比较浅，帽檐较高，制作工艺简单，是一种传统的帽子款式。

[funike molqə]"狐皮帽"

　　用狐狸皮制成的帽子。呈两片帽檐式，后方有开口，开口处缝有彩色飘带，帽檐较高，帽檐内侧用锦缎缝制，狐皮帽不但精致美观，而且还有很好的保暖作用。

3-22◆大庄

[tɕhiqen molqə] "白毡帽"

　　用白色羊毛制成的帽子。白毡帽帽顶较深，帽檐较低，帽檐用锦缎镶边，也有绣上花纹的，通常是男士戴的，但在互助县东部的土族妇女也戴白毡帽。

3-19 ◆ 小庄

[xɑrɑ molqə] "黑毡帽"

　　用黑色羊羔毛或秋季剪的软羊毛制作的帽子。帽顶较浅，略显尖顶，帽檐较高，帽子整体呈元宝状，帽檐用黄色或绿色锦缎镶边，绣上花纹，通常由女士佩戴。

3-20 ◆ 小庄

[xorqəl molqə] "羔皮帽"

　　用黑色或白色羊羔皮制成的帽子。帽顶较浅，帽檐较高，帽檐内侧用布料缝制，帽顶外侧用黑色、蓝色或黄色布料装饰，绾有顶子。羔皮帽不分男式和女式，较厚，保暖效果好，适宜冬季佩戴。

3-21 ◆ 小庄

[jertɕə molqə] "红缨帽"

　　老年妇女佩戴的帽子。用红色布料缝制，帽顶较宽较深，缝有红缨，从而得名"红缨帽"。有四片帽檐，前后帽檐较小，两侧帽檐较大，帽檐紧贴帽顶。

3-23 ◆ 小庄

3-24 ◆小庄

3-25 ◆小庄

[tɕhitɕiqti: molqɐ]"插花礼帽"

青年女子佩戴的帽子。用厚布料或毡子制成，帽檐小而平，帽顶较深，插有五彩布花。20世纪70年代开始流行插花礼帽，成为青年女子最喜爱的帽子，在重要节日、婚宴、集会上佩戴。

[moqli molqɐ]"圆瓦帽"

传统的男式帽。帽顶较深，四周缝有可以上下折叠的帽檐，前后帽檐较小，两侧帽檐较大，适宜冬季保护耳朵，天气热时可将四片帽檐折进帽里，也可将一片小檐外露在耳朵前边戴。

[usi molqɐ]"草帽"

用麦秸或稻草编制的帽子。帽檐宽大，帽顶窄小，主要用来遮阳挡雨。

3-26 ◆小庄

[thɜutɕin]"头巾"

年轻女性佩戴的头饰。有单色头巾，也有彩绣图案装饰的头巾，彩绣头巾不仅绣有精美的盘绣花边，还要饰以边饰和长穗。女性戴在扎好的头发上，既能包住头发，也能增加美感。

3-27 ◆小庄

3-28 ◆小庄

3-31 ◆小庄

[jeŋtsiti: xei] "勒鞋"

传统鞋子的统称。鞋勒用黑色或蓝色布料缝制而成，只有新娘出嫁时穿的斯古尔玛鞋（见图3-32）和绣花鞋（见图3-35）的鞋勒用红色布料缝制而成。鞋勒顶部要系上带子，绑在膝盖下，有挡风堵沙的作用，特别适宜在高原穿着，保暖效果较好。

[ɕintɕirti: xei] "刺绣鞋"

鞋勒用黑色布料缝制，鞋底较厚，鞋面上部用五色丝线绣上彩虹图案，鞋尖上缝制五色丝线穗子。刺绣鞋既不像花云子鞋那般通俗，也不像斯古尔玛鞋那般华贵，是普通人家女子日常穿着的传统女鞋之一。

[ɛlek tɕheŋ xei] "花云子鞋"

用黑色布料缝制而成的传统布鞋。花云子鞋没有绣花图案，只有简单的云纹图案，分男式和女式，男式花云子鞋黑白相间，没有鞋勒子，多为青年男子穿，女式花云子鞋用软布料缝制鞋勒子，多为老年妇女穿。

3-29 ◆小庄

[tɕhitsi xuɐti: xei] "旗子花鞋"

鞋勒用黑色布料缝制，鞋底较厚，因鞋面上绣的彩色花纹形状像旗子，故得名"旗子花鞋"，是土族传统女鞋之一。

3-30 ◆小庄

[korme xɐi]"斯古尔玛鞋"

女子搭配盛装穿的鞋子，是土族最华贵的勒鞋。鞋勒用黑色或红色布料做面子，以白色布料做内衬，在上沿半寸宽处镶有白色边，鞋面用五色丝线绣满彩虹图案，上翘的鞋尖上缝制彩色丝线穗子。"斯古尔玛鞋"也是土族女子出嫁时穿的婚鞋之一，婚鞋鞋勒用红色布料缝制，以示喜庆。

3-33 ◆小庄

[xɐm]"皮靴"

用皮制成的传统靴子。靴尖稍微上翘，靴体宽大，以便在靴内穿袜子或套裹脚布，靴勒较高，通体呈黑色，表面光滑。人们为了美观，通常在靴帮、靴勒缝接处和靴梁结合处嵌入绿色布条。皮靴除了保暖以外，骑马时还可保护脚踝和小腿。现如今在日常生活当中并不常见。

3-32 ◆小庄

[tɕhitɕikti: xɐi]"绣花鞋"

女子出嫁时穿的婚鞋。鞋勒用红色布料缝制，鞋底较厚，鞋面前部绣有花卉图案，鞋尖缝制彩色穗子，绣花鞋不同于其他传统的土族勒鞋，其特点在于绣有花卉，精致美观。

3-34 ◆大庄

[pɐsi xɐi]"布鞋"

用布料手工缝制的鞋子。鞋底、鞋帮子都是纯手工缝制而成，没有花纹装饰，通体黑色，白色鞋底。有男女鞋之分，女鞋的鞋口较宽，配有鞋带，男鞋的鞋口较窄，没有鞋带。布鞋舒适合脚，深受人们的喜爱，现如今也比较流行。

3-35 ◆小庄

3-36◆威远

[qotosi] "靴子"

用厚布料缝制而成的传统的长筒布靴子。里外两层，中间絮有棉花、羊绒等，鞋面厚，鞋帮高，鞋底厚，鞋尖向前突出。分为男靴和女靴，男靴通体黑色，女靴带有花纹。靴子厚实暖和，适宜老年人在冬天穿着。

[kholoptɕhi] "袜子"

用布料缝制而成。里外两层，袜勒长且宽松，以白布为身，边缘镶以黑布，黑白相间，后跟处有绣花装饰。这种袜子主要防止鞋帮磨脚。

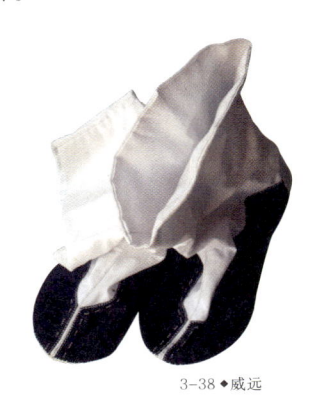

3-38◆威远

[ɕtɕeŋ xei] "毡靴"

用羊毛或骆驼毛制成的传统靴子。宽大而轻便，靴筒高，经湿、热、挤压等程序制成，具有回弹、吸震、保暖等性能。是较为古老的一种鞋，适宜在冬天雪地里或骑马时穿在鞋、靴外面。

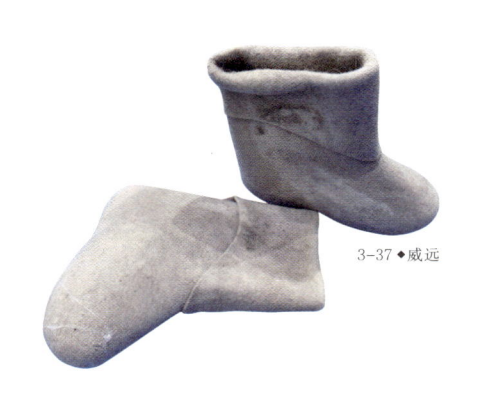

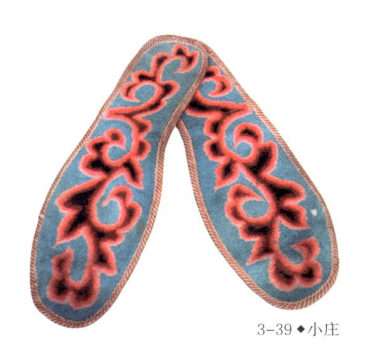

3-39◆小庄

[xei tentsi] "鞋垫"

绣有花纹的自制鞋垫子。有着精美的刺绣图案。

3-37◆威远

互助土族语　叁·服饰

115

三 首饰等

3-43 ◆ 小庄

[ɕkuloŋ niuteːr] "雪古浪纽达尔"

形似漏凹槽的纽达尔。土族语称"漏凹槽"为"雪古浪",因其形状酷似雪古浪,所以称为"雪古浪纽达尔",是土族妇女特有的传统头饰之一。

3-41 ◆ 小庄

[ʂke niuteːr] "大纽达尔"

土族妇女特有的传统头饰之一,大纽达尔形状正面像簸箕,侧面像马鞍的前半部。制作时,先用具有弹性的芨芨草做成骨架,再用硬纸和粗布粘糊成形,其正面贴上金银箔片,再粘上数层折叠起来的五色彩布条,周围镶嵌着一圈一圈的云母片,边缘垂吊两层红黄两色的小丝穗,每层约20多条,额部垂吊着数10条2寸多长的红丝穗。

[tsɐɾi]"发簪"

用于固定"纽达尔"的饰品。由银或铜制作而成，主要差别在于簪首，样式较多，有花鸟鱼虫形状的，也有飞禽走兽形状的，既有实用价值，也有装饰作用。

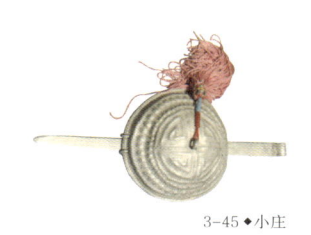

3-42 ◆小庄

3-45 ◆小庄

[tɕesi niuteːr]"加斯纽达尔"

形状类似于犁铧的纽达尔。制作方法与大纽达尔相同，土族语称"犁铧"为"加斯"，因其形状酷似犁铧尖，故称，是土族妇女特有的传统头饰之一。

[nɐrin niuteːr]"纳仁纽达尔"

由地名命名的纽达尔。纳仁纽达尔的后端有一个直径三寸多的圆盘，圆盘是用贝壳、珊瑚、松石等小珠子串盘而成，圆盘上饰有铜管、铜片、珍珠、丝穗等小物件。因这种纽达尔主要是纳仁郭勒地方的人佩戴，故称。

3-40 ◆威远

[nokto:]"头套"

妇女用于聚拢头发，佩戴首饰的布制头饰。用蓝色布料缝制而成，鬓间缝制宽约1厘米、长约5厘米的红色耳坠扣，耳坠扣下沿缠着五色线，耳坠扣是用来戴大银耳坠的，现在已不多见。

3-44 ◆小庄

互助土族语 叁·服饰

3-48 ◆威远

[xɐɹke sɜuke] "串珠耳坠"

用白色珠子串成，中间点缀彩色珠子，最下端配有云母片或贝片。一般由多串构成，相对轻便，可直接戴在耳朵上。

3-49 ◆大庄

[xuloːsi] "耳坠链"

用来连接两个耳坠的珍珠串链，通常由白色和红色的珠子相间串成，显得鲜艳美观，现已不多见。

3-46 ◆大庄

[meŋku sɜuke] "银耳坠"

带有下垂饰物的银质耳坠。银耳坠有大小之分。[muɭeː sɜuke]"小耳坠"只有一层，上有三穗、四穗或五穗。轻便易戴，不用挂在头套上，可直接戴在耳朵上。[ʂke sɜuke]"大耳坠"有"上五下七"和"上七下九"两种，即耳坠分上下两层，上有五穗或七穗，下有七穗或九穗。这种耳坠较重，一般戴在头套上。银耳坠一般用单串或三串珠子串连起来，珠串吊在胸前。

3-47 ◆小庄

3-50 ◆小庄

[so:r] "项圈"

妇女佩戴于颈部的传统装饰品。红色的圆圈布条上缀以白色的圆形海螺片制作而成，一般和纽达尔头饰相配套。

3-52 ◆大庄

[lo:tsəŋ] "腰饰环"

挂在腰带右前方的铜制或银制配饰。腰饰环不仅是装饰品，还可以佩挂绣花手巾、铜铃铛、针扎子等物品。

[kutɕiptɕhi] "项链"

佩戴在颈部的传统首饰。由金或银制作而成，也有各种珠宝串成的。项链精致美丽，具有鲜明的民族特色，现在并不多见。

3-51 ◆大庄

[tholquit: phuse:] "花腰带"

用彩色布料制成的腰带。花腰带两头绣有精美的花纹，有男式和女式之分，女士腰带颜色通常以蓝色、绿色和黄色为主，男士腰带颜色通常为黑色和蓝色。男士系腰带既能防风抗寒，又能保护腰部，女士扎腰还能显示出娇美的身材。

3-53 ◆大庄

互助土族语　叁·服饰

119

3-56 ◆大庄

[tɐːpɜu phuseː]"达博腰带"

达博腰带的绣制工艺精美，程序较多，主要采用盘绣和刺绣，绣制前先用糨糊把几层布裱好，并缝上底料布，然后精心绣制具有土族特色的图案，图案色彩斑斓、独具特色，且美观大方，是土族妇女传统盛装中的重要组成部分，出席庄重的场合都要系达博腰带，以示尊重。

[thɪrke phuseː]"绸缎腰带"

由丝绸制成的腰带。常见的绸缎腰带颜色有橘黄色、绿色、粉红色。妇女参加节日、庆典、集会等重要活动盛装出席时必用彩绸腰带。

[muɾke phuseː]"褐腰带"

由自纺的羊毛线织成的腰带。制作褐腰带的料子自己纺织，不仅结实耐用，且有很好的保暖作用和护腰作用，现在并不多见。

3-55 ◆小庄

3-54 ◆小庄

3-57 ◆大庄

[tɕhentɐːtsi] "钱褡子"

土族妇女佩戴于腰间左前方的饰物。把三个绣有精美图案的正方形小袋子竖排连接缝制而成。过去人们佩戴钱褡子是用来装铜钱，如今已成了纯粹的装饰品。现在日常生活中并不多见，女子出嫁时佩戴钱褡子是传承至今的重要婚礼习俗。

[suːke pɐkuːɾ] "耳坠盒"

存放首饰的圆形盒子。纯木质，带有盖子，做工精细，印有花纹。耳坠是土族女性重要的饰品，种类多样，用于收纳耳坠的耳坠盒几乎是家家户户妇女的必备用品。现在木质耳坠盒已被梳妆台首饰盒替代。

[ɕoqur] "小盒子"

用来存放耳环等小首饰的圆盒子。纯木质，相对于耳坠盒较小，放置的饰品数量也较少，是比耳坠盒更为古老的梳妆用具。现今已不多见，只有少数老人珍藏着年轻时用的小盒子。

3-58 ◆大庄

3-59 ◆小庄

[lɛkɕtɕi]"手巾"

女性佩戴在腰饰环上的饰物。用柔软的布料缝制而成，形状上窄下宽，底部绣有花纹。

[xɛltɛn pɛquːɾ]"金手镯"

金制的手镯，是人们喜爱和追捧的尊贵首饰，与土族华丽的衣饰搭配，更能彰显佩戴者的气质，金子在土族人的观念中有着尊贵、华丽等美好寓意，也能给予佩戴者一定的心理慰藉，现在已成为土族女性出嫁时必备的嫁妆之一。除了金手镯，银手镯和玉手镯也是土族人常戴的手镯。

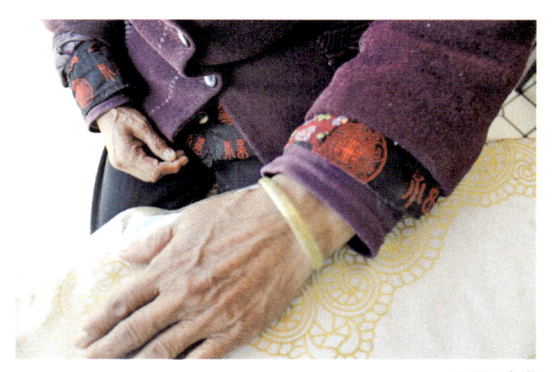

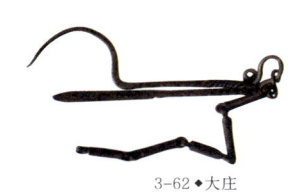

[vɐːrtsi]"烟锅挖钩"

用于挖出烟锅内烟垢的小钩子。用铁打造而成，烟锅挖钩与烟锅、烟袋是过去男士佩带的主要随身物品，现在已不多见。

[xɛŋsɛː]"烟锅"

传统的抽烟工具。过去没有香烟的年代，人们都用烟锅抽烟，烟锅多用黄铜和青铜制作，烟嘴多为玛瑙，也有玉石、翡翠材质的，烟锅和烟嘴中间的木杆两头有银质的对口，木杆长达八九寸甚至尺余。现在，随着香烟的流行，使用烟锅的人也越来越少了。

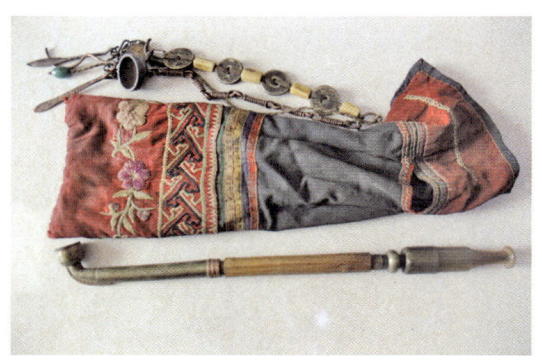

3-60◆大庄

[ʂterqɛ] "烟袋"

　　装旱烟叶的袋子。烟袋多以黑布为外底，蓝布为内衬，两头用约四寸宽的红布缝制而成。烟袋上端开约三寸长的衩口，便于放入烟锅，下端红布上面用金丝线盘绣万字图案、云纹图案等，并缀以约三寸长的穗子。过去这种花烟袋既能装旱烟叶，也是土族男人的配饰之一。

[meŋku kiːtɕir] "银戒指"

　　戴在手指上的银质饰品。男女皆可佩戴，尤其受中老年人的喜爱。除"银戒指"外，还有玉戒指和金戒指。

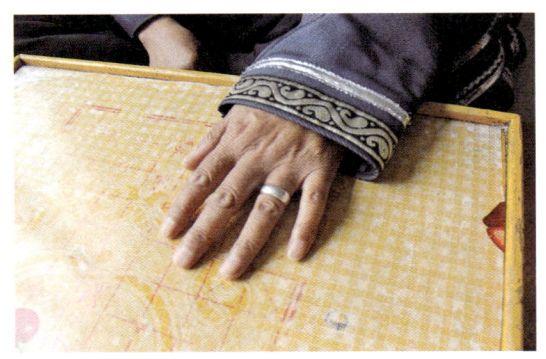

[tɕirtɕok] "荷包"

　　穿民族服装时佩戴在腰间的一种装饰品。形状多样，上面通常绣有鸟兽、花草等多种图案，下方还有各种颜色的穗子，色彩鲜艳亮丽，装饰效果突出，里面可以装绣花针、顶针等小物件。

3-64◆威远镇

3-66◆小庄

123

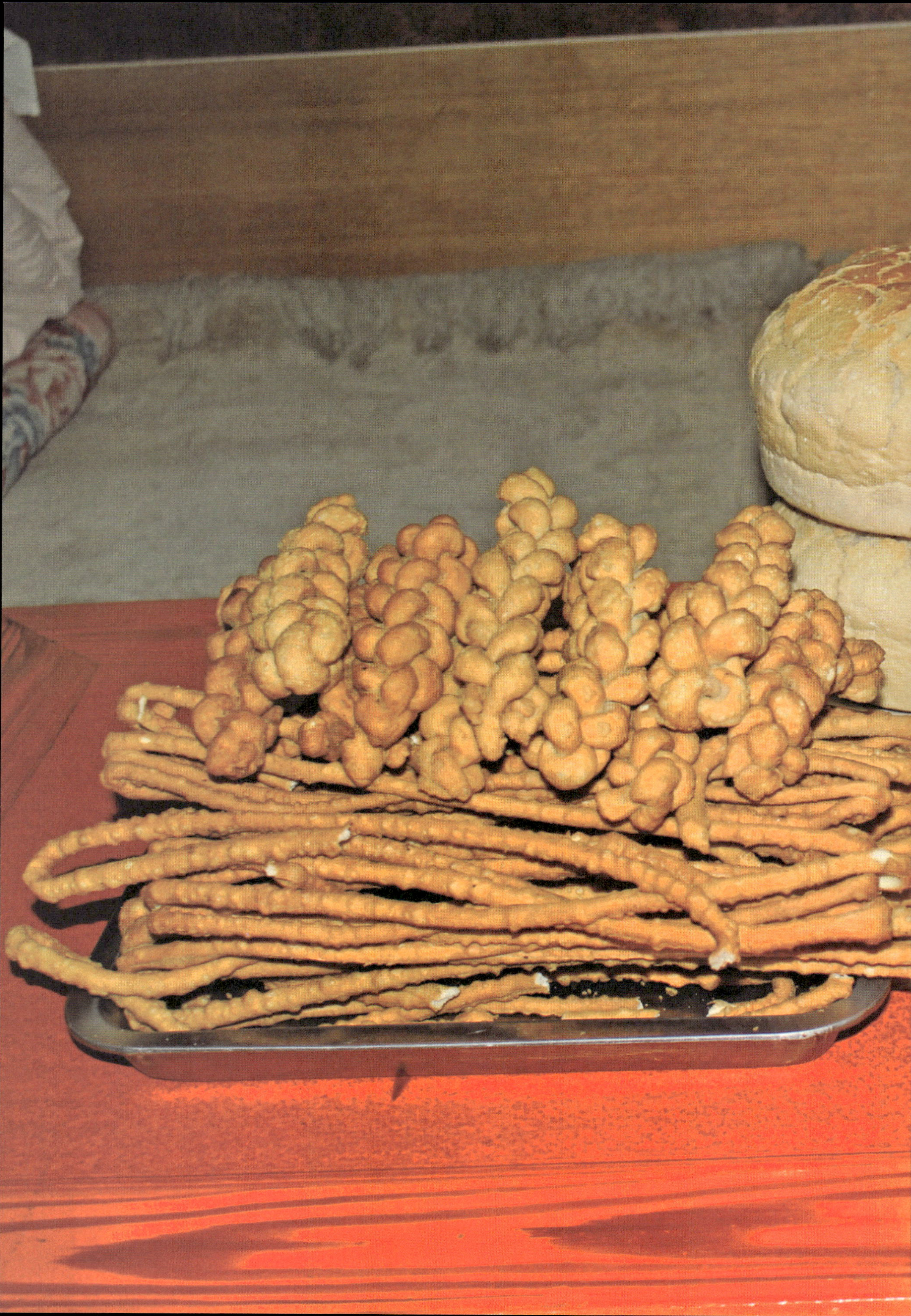

肆·饮食

在漫长的生产生活历程中，土族逐渐形成了本民族独具特色的饮食习惯。如今的土族饮食可分为六大类，即面食、肉食、汤食、茶类、菜类和小吃。

土族人敬畏大自然，珍爱粮食。过去，人们种地之前会举行简单的开耕仪式，在地头煨桑之后，架起耕牛，在地里犁出里面带有"十"字的圆圈，再将新做成的馍馍献祭在"十"字的中心，磕头祈祷，祈求大地神灵保佑新的一年能够风调雨顺、五谷丰登；吃馍馍时，必须将馍馍掰开之后用双手捧着吃，不能拿起馍馍张口就咬，他们认为："要是拿上馍馍下口就咬，长生天也会怕得颤三颤。"若有馍馍渣子掉在地上，会立刻拾起来，吹一吹灰尘再吃掉；对于已经久置干硬而不能食用的馍馍，将其喂给牲畜，值得一提的是，馍馍只喂给牛羊，从不喂给猪，因为在游牧时代，牛羊是人们赖以生存的重要的生产生活来源。

如今，土族日常以面食为主，主要有馍馍、面条、面片、包子等。作为曾经的游牧民族，肉食是土族必不可少的食物。猪肉是互助土族人家中最常见的肉食，日常做饭炒菜都离不开猪肉，也可做成腊猪肉、卤肉、红烧肉等。羊肉作为上餐，主要用于招待尊贵客人，传统节日、婚礼、祭祀活动等隆重的场合，羊肉是必不可少的。至于瓜果蔬菜，当地人吃的大多是自种的白菜、油菜、土豆、小葱等，随着社会经济的发展，暖棚技术的改进，人们也开始食用各种各样的炒菜。

　　土族人视茶为饮食上品，一日三餐离不开茶。在互助土族地区，客人一到，主人便会捧上一碗热腾腾的清茶或香喷喷的奶茶，并边饮边添，十分热情。土族人还喜欢在奶茶里加上酥油，香味诱人。

一 主食

4-2 ◆ 大庄

[ʂtime] "馍馍"

土族的传统面食，由面粉制作而成，可分为烤馍、蒸馍、煎馍和油炸馍等。不同的馍馍有不同的做法，其形状、味道各具特色，名称也互不相同。馍馍不仅好吃，而且耐储存，是当地最常见的食品，无论是招待客人还是在各种节日宴席，都能看到馍馍。

[menthi] "馒头"

用发面蒸制而成的面食。将面粉和好放置一段时间，使其发酵，再揉成圆形小面团，放在笼屉上蒸熟即可食用。在过去物资匮乏的年代，人们不能常吃到馒头，随着人们的生活水平的普遍提高，馒头也成了一日三餐最常见的面食。

4-1 ◆ 大庄

[thuturke] "米饭"

由于当地不生产大米,而且米饭不易煮熟,米饭在土族传统饮食中并不多见,人们习惯食用馍馍、馒头、包子、面条等面食,但近几年随着交通日益便利,厨房用具的明显改进,米饭逐渐成为土族人主要的主食之一,尤其受到年轻人和小孩的喜爱。

4-3 ◆ 大庄

[puteː] "搅团"

将白面或荞面粉用清水搅拌成黏稠状,倒入锅中煮熟而成的面食。制作时搅得越久越劲道,做出来的搅团也就越好吃,常搭配萝卜丝、蒜泥、葱汁、辣椒、醋等作料食用。由于搅团口感松软,成了老年人最喜欢的食物。

4-4 ◆ 大庄

4-5◆大庄

[ŋkomɛ] "拌汤"

　　用面粉熬制的汤食，有麦面拌汤、豆面拌汤、青稞面拌汤、肉粒拌汤等风味各异的品种。土族人较多食用以猪肉汤熬制的拌汤，熬汤前将猪肉切块放入锅中炒制，放入盐、酱油、大料等调料入味，随后放入切成长条形的土豆，炒制片刻后加水熬汤，将少量水分多次加入荞面或白面粉中，边加水边搅拌，做成面絮，用手均匀撒入汤中，最后在出锅前，放入菠菜、韭菜等蔬菜。因拌汤具有易消化、易吸收等特点，适合老年人食用。

[ɕi:lo:] "面片"

　　将面皮撕或切成方块状放入汤中煮制而成。和好的荞面或白面揉成面团，擀成面皮，再将其切成短条，待蔬菜、肉等煮好后，揪成小块下到汤中煮熟即可。面片种类较多，有炒面片、清汤面片、打卤面片等，其味道醇美，各具特色。在当地，无论是普通农家还是街面餐厅，面片都是必有的食品。

4-7◆大庄

[pɛ:lo:]"面条"

将面皮切成条状后放入肉汤中煮熟的汤食。用炒制的猪肉熬汤,将面和好擀成薄片,切成细长条,待蔬菜、肉等煮好后,放入汤中煮熟即可。

4-9 ◆大庄

[lɜuʂi su:l]"老鼠尾巴"

两端细中间粗的面条,因其形状酷似老鼠尾巴而得名。这种面条的制作手法比较讲究,手上搓的功夫越好,面吃起来越有嚼劲。

4-6 ◆大庄

[re:ʋuntsi]"热温子"

长而宽的面条浇上卤汁制成,这种面条趁热吃味道最好,因此得名"热温子"。将韭菜、大葱与辣酱和醋搅拌做卤汁后,浇在煮熟的宽面上即可食用,因制作方法简单,过去经常在农忙季节吃。

4-8 ◆大庄

[ɕiu khele]"鸟舌头"

将面片切成三角形后放入汤中煮熟的面食,因其形状酷似鸟舌头而得名。制作时将擀好的面片切成细长的三角形,待蔬菜、土豆、肉等煮好后,倒入汤中煮熟。除面片外,放入汤中的土豆也可切成三角形。"鸟舌头"是当地特色面食,深受小孩们的喜爱。

4-10 ◆大庄

[khuŋkoːtsi] "锟锅馍馍"

用火灰烤制而成的较厚的馍馍。和面时放入香豆、胡麻、姜黄、红曲、植物油，再层叠卷成红、黄、绿各色相间的面团，放入锟锅模具内，埋在以麦草为燃料的灶膛、炕洞或燃烧过的火灰里烤熟。这种馍馍，外脆里嫩，绽开如花，色彩鲜丽，香味扑鼻，可谓色香味俱全。锟锅馍馍既是土族人每日难离的主食，又是逢年过节、走亲访友的传统礼物。因此，锟锅馍馍被称为"什格适德玛"，意为"尊贵的馍馍"。

4-13 ◆ 大庄

[sɐrɐ koːkhiː] "萨日锅盔"

烙制而成的馍馍。制作方法为和面时面粉中掺入鸡蛋和油，再将和好的面团擀成较厚的面饼，放到锅中烙制而成，萨日锅盔比一般的锅盔还要大。萨日，土族语意为"月亮、月份"，之所以被叫作"萨日锅盔"是因为坐月子的妇女通常吃这种馍馍，而人们探月子时萨日锅盔也是必带礼品。

4-15 ◆ 大庄

[sɐitiː] "长面条"

清水煮熟的面条搭配调制的卤子食用的面食。将和好的面擀成片状并卷好，再用刀将卷好的面切成长条下锅煮熟，捞出放入盘中。卤子一般由猪肉做成，配上当地特色菜品作为辅菜，味道非常可口。长面条比一般的面条更加细长，所以和面的时候，一定要将面多揉一会儿，使其更劲道，以免煮烂。

4-11 ◆ 大庄

4-12 ◆ 大庄　　　　　　　　　　　　　　　　4-14 ◆ 大庄

[tʰɛqur] "烤馍馍"

用火灰烤制而成的馍馍。将和好的面揉成圆形面团后中间扯开一个洞，放入灰烬之中，待烤熟取出来清除灰尘即可食用。这种馍馍外焦里嫩有嚼劲，趁热食用味道更佳。

[ko:khi:] "锅盔"

烙制而成的馍馍。将和好的面擀成较厚的面饼，放到锅中干烙而成。相比于其他地方的烙饼，土族人所做锅盔外形较大，外焦里嫩，口感香脆，经常搭配各种汤类食用。

[çire:sen ʂtime] "烧饼"

又称饼子，较小的面饼干烙而成。制作时，将和好的面团揪成一个个小面团后，逐一擀成圆饼形状后，直接放入热锅中干烙制熟即可食用。因烧饼较干，吃烧饼一般要配上粉汤、砂锅等汤食。

4-16 ◆ 大庄

互助土族语　肆·饮食

133

[poːrtsok] "馃子"

油炸而成的馍馍。将发面切成长条状，中间切开一道口子，沿着口子翻转一下，把长条一头沿着口子翻转，做成如图 4-17 的形状放入油锅炸制而成。馃子吃起来香脆可口，是招待客人时常用的食物，一般要配奶茶或稀粥食用。

4-17 ◆大庄

4-21 ◆大庄

[sɛntsi] "馓子"

将细面条油炸而成的馍馍。将和好的面团揉、撮、拉成细长条后做成盘旋状，放入油锅炸制而成。做好的馓子外形奇特，香脆可口，是盛大节日或招待客人时的必备食品。

4-18 ◆大庄

[phɛnseːɾ] "盘馓"

将长条面油炸制成的馍馍，因其形状而得名。和好面之后，将面用手揉成长条状后盘成圈状油炸而成。过去盘馓做法细腻且制作成本较高，一般只在喜庆的日子里制作，或给远道而来的贵客才会献上盘馓。

[tɕhulentsi] "空心饼"

油炸制成的馍馍，因其面饼中间有个小孔而得名。在发面中加入少量酥油或者色拉油醒好之后，擀成圆饼，中间捅出小洞，放入油锅中炸制而成，其味道口感与油炸馃子无异。

4-19 ◆大庄

[mɐxɐ ɕoːmiː] "肉包子"

4-23 ◆威远镇

用面皮包裹猪肉、羊肉或牛肉馅料蒸制而成的面食，是土族传统食品。肉包子是婚宴、春节、祭祀活动等隆重的场合上必不可少的用品。

[xkɐrok] "煎饼"

煎制而成的薄饼。和面时加入适当的素油，待醒好后擀成薄薄的圆形面饼，放入锅中煎制而成。煎饼跟馒头和面条一样，是土族人生活中最常见的面食，也可以配上荨麻（晒干去毒）糊糊，做成荨麻饼。制作荨麻饼时讲究皮薄馅儿多，这样做出来的荨麻饼最为正宗。

4-22 ◆大庄

[mɛːxuɐʀ] "麻花"

翻卷状油炸制成的面食点心，因其形状而得名。面粉中加入小苏打，用油、糖、水搅拌混合好，分成长条，刷上油，把长条缠绕起来放入锅中油炸至色泽金黄即可。出锅后上面撒一些芝麻，更加美味。麻花是生活中最常见的点心之一，尤其受小孩子们的喜爱。

4-20 ◆大庄

4-25 ◆威远镇

[sɐjoː ɕoːmiː] "土豆包子"

土豆馅儿的包子，是土族人最爱吃的一种包子。此外还有 [thuʐmeː ɕoːmiː] "萝卜包子"。

[kiteːr] "破布衫"

用青稞面制作的汤面片。将和好的面擀成薄片，用手撕成形状不一的面片放入肉汤煮熟。由于形状不规则，当地人就把这种面食形象地称为"破布衫"。破布衫是当地特色面食之一，通常一碗破布衫和一份卤肉是非常地道的土乡美食组合。

[keːre ɕoːmiː] "糖包子"

用红糖馅儿做的包子。其形状与其他的包子略有不同，常见的糖包子为如图4-24所示的三角包。这种包子糖分多，热量高，适合在冬天食用。

4-26 ◆威远镇

4-24 ◆威远镇

二 副食

4-29 ◆威远镇

[tɕhiqeːn thoːtsi] **"察汗托斯"**

土族人把酥油叫作"察汗托斯_{白油}",指从牛奶中提炼出的脂肪。将牛奶倒入桶中发酵,用木棍上下搅动至黏稠度达到油奶分离的程度,静放冷却后凝结在上面的一层就是"察汗托斯"。产于夏秋两季的酥油色泽淡黄,味道香甜,口感极佳,而冬季的则呈浅白色。察汗托斯的用途非常广,可以用来点佛灯,也可以用于食品制作。

[thelqɛ] **"塔勒哈"**

将青稞炒面、酥油和奶茶搅拌到一起,用手抓匀做成的一种美食。香酥的塔勒哈和浓浓的奶茶是土族地区早餐的绝配。

4-27 ◆威远镇

[thɛrɛk] **"塔日格"**

即酸奶,是自游牧年代一直制作食用的传统美食。将牦牛奶或羊奶煮沸,添加酵引自然发酵,形成凝稠状态即可。塔日格因其制作简单,营养丰富,深受人们喜爱。如今,已经转变为农耕民族的土族人很少自己制作"塔日格"了。

4-28 ◆威远镇

互助土族语 肆·饮食

137

4-34◆威远镇

[reŋphiːtsi] "酿皮"

　　互助地区常见的小吃之一，主要由面粉和豆类等制作。在街头随处可见。在夏季，天气较为炎热，酿皮也可作为主食盛上餐桌。

[suntiː tɕhəː] "奶茶"

　　清茶中添加鲜奶熬制而成的茶。奶茶醇香可口，熬制奶茶也不复杂，在已经熬成的清茶里放入适量的鲜奶，使茶色由黑变为乳白色即可。早餐喝奶茶是互助土族人的习惯。

[xoŋjen] "旱烟"

　　人们自家种植的烟草，这种烟叶无须加工，晒干后撕烂揉碎装入烟袋，用特制的烟锅抽吸。

4-31◆威远镇

4-33◆威远镇

[tɕhiqeːn thoːtsitiː tɕheː] "酥油茶"

熬制好的清茶或奶茶里放入适量酥油块即成酥油茶。日常生活中并不多见，主要出现于宴席等隆重的场合。

4-32◆威远镇

[spei tireːsi] "青稞酒"

以青稞为原料酿制的酒。其味醇香绵甜、爽口舒心。在土族的祭祀活动、婚育丧葬、迎接宾客等隆重的场合，酒必不可少，而且日常生活和民俗文化中也具有不可替代的地位。互助县作为远近闻名的酒乡，"互助牌"青稞酒已成为中国青稞酒著名品牌，青稞酒文化已然成为互助土族文化的重要组成部分。

4-30◆威远镇

[thenphe:] "甜醅儿"

经过发酵制作的青稞小吃。因其味道香甜醇芳,故得名"甜醅儿"。制作时将成粒的青稞去皮,放入锅中煮至八成熟,捞出晾干后再加入甜醅曲子拌匀放入坛内,置于热炕或灶台上发酵,几天后闻到酒香味便制作成功。

4-36◆威远镇

[ɕiqi] "麦搓儿"

用麦粒磨成的小吃。将半青不黄的嫩青稞或小麦穗揪下,挽成小把,放到锅里煮熟后手工脱粒,簸去杂物后用手磨磨成寸丝状,即成"希格"麦搓儿。食用时浇上熟菜油并拌入蒜泥、葱、香菜、盐等作料后搅拌均匀,即成为一道鲜美可口的小吃——麦搓儿。也可制作麦搓儿拌汤。麦搓儿原本是青黄不接时度荒的食物,后来成了尝鲜的风味小吃。

4-35◆威远镇

三 菜肴

4-38 ◆小庄

[khuɾkʊsən thikɜu mɐxə] "爆炒土鸡"

　　将土鸡肉与青椒爆炒而成的菜。制作时只需加入青椒、土豆等农产品。土鸡是当地农民们自家养的鸡，肉质鲜美，最适合做成红烧鸡块。爆炒土鸡是当地各个农家院最具特色的一道绿色菜肴。

[khuɾkʊsən tshɐikʊə] "炒菜瓜"

　　菜瓜、西红柿炒制而成的家常菜肴，菜瓜即西葫芦，是当地最常见的蔬菜，因此炒菜瓜也成了当地最常见的家常菜之一。将菜瓜和少量西红柿切成片放入锅中，添加酱油、盐、大料、蒜末、葱等炒制而成。

4-37 ◆小庄

[khuʴkusen xqei mexe]**"爆炒猪排"**

将猪排与大葱爆炒而成的菜肴，是当地农家院最常见的菜品之一。制作时，先将猪排骨切成长方块，放入锅中炒制，同时用酱油、盐、大料、花椒、大蒜调制好酱料，待炒到合适的时机添加到锅中翻炒，加入大葱，盖上锅盖焖制。这道菜的作料不多，除了排骨、葱和大蒜，只需添加酱油、大料、盐、花椒等基本的调味料即可。在农家院里猪排骨的制作方法多种多样，可以红烧，可以清炖，还可以做成烧烤。

4-39 ◆小庄

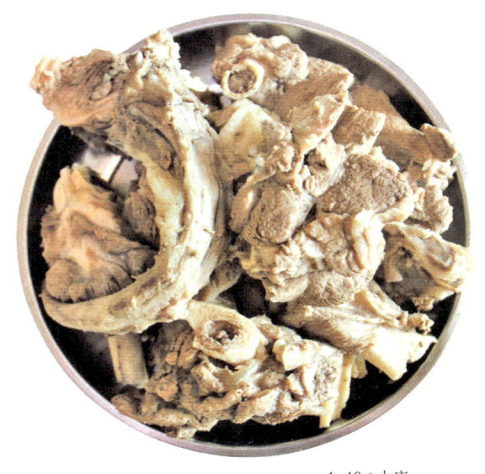

[tɕhineːsen xoni mexe]**"手把羊肉"**

将大块的羊肉在锅中煮制而成的肉食。煮制时，将切好的带骨大块羊肉放入水中，不必加太多作料，只需加少量盐、花椒、生姜等，煮熟即可。手把羊肉是土族人在重大节日和接待贵宾时的主要菜肴，其味道鲜美，肥而不腻。

4-40 ◆小庄

[tɕhineːsen xqei mexe]**"卤肉"**

将初步腌制加工的猪肉放入配好的卤汁中煮制而成的肉食，其口感紧实、香味四溢。上桌前，通常在上面撒上一些切好的洋葱。面片和卤肉是当地经典的美食组合之一。

4-41 ◆小庄

[tɕhitsiti:] "血肠"

　　将牲畜的血与面粉混合后灌入肠内煮制而成的肉食。做法为猪血或羊血加入剁碎的猪（羊）油、肺子和葱末、盐、姜粉、胡椒粉等调料，搅拌均匀，凝固后灌入肠内，放入锅中煮熟。待熟透之后捞出，可以直接食用，也可以煎着吃。

4-42 ◆小庄

[xqɐi tholqui mɛxɐ] "猪头肉"

　　指调味后食用的猪头部的肉。猪头煮熟后将肉切成一片一片放入盘中，均匀浇上醋、蒜末调成的酱料。猪头肉是最地道的下酒菜。

4-43 ◆小庄

[pi:sɐi finthɜu] "白菜炒粉条"

　　用白菜和粉条炒制而成的菜肴。油热时把酱油、盐、大料等调味料放入锅中，再将切好的白菜和粉条依次放入锅中炒制。由于互助县地处高原，早晚温差较大，白菜和土豆是当地为数不多的可种植蔬菜，因此白菜炒粉条也成了当地人比较常见的素菜。

4-44 ◆小庄

4-46◆小庄

[leːrɜu mexe] "腊肉"

　　自然风干的肉类食品，风味独特，能长期保存。多用于制作面片、炒菜、炖菜。现在可随时吃到新鲜肉食，腊肉已较少加工食用。

[xerɐ sei] "干菜"

　　将新鲜蔬菜穿串或编辫后，挂在屋檐下自然晾干的冬储菜。通常有干萝卜、干白菜、干大蒜、干辣椒等。过去由于没有暖棚种植技术，人们只能将秋天收获的菜类放干储存，以备冬天食用。如今随着暖棚种植技术发展，新鲜蔬菜的供应时间变长，干菜也就不多见了。

4-45◆小庄

4-47 ◆小庄

[phukli: xoni] "烤全羊"

　　将整只羊宰杀剥皮后炭烤而成的食品，是土族传统特色美食的一种。制作方法较为复杂，将羊宰杀后去掉羊头和四蹄、内脏，剥皮之后，给全羊刷上料汁待烤，等到烤炉炭火适宜后放入炉内烤制三到四小时即可食用。烤全羊的表皮金黄油亮，焦黄发脆，内部绵软鲜嫩，色、香、味、形俱全，别有风味。这道佳肴是土族人招待客人最高规格的菜肴，只有在迎接尊贵的客人时才会制作烤全羊款待。

[xqo mexe] "猪内脏"

　　猪下水，将猪的肝、肺、心等内脏一并煮制或炒制而成的食品。宰猪之后，一般会把猪的内脏与其他部位的肉分别放置，以免串味。猪内脏可凉拌也可卤煮，是广受人们欢迎的下酒菜。

4-48 ◆小庄

[ɕɐːfiː] "羊杂"

4-49 ◆小庄

羊杂碎,通常指羊的心、肝、肺、脾等。羊杂是土族地区人们最爱吃的饭食之一,可以爆炒,也可做成羊杂汤。做羊杂汤时,将羊杂切成合适大小的条状后,放入锅中清水煮制,等到快煮熟的时候添入盐、花椒等调料,也可放入切好的青椒、茄子等蔬菜。食用羊杂汤时配一个饼子是地道的土族美食搭配。

[tɕhineːsɛn ʂke phutɕhek] "煮大豆"

摘取后直接煮熟的蚕豆。土族将蚕豆称为大豆,是较为常见的农作物,把新摘的大豆荚放入锅中煮熟,无须添加任何调料,即可食用。煮大豆味道鲜美,是秋收前土族人尝鲜的美食,也是土族农家院的特色小吃之一。

4-52 ◆小庄

[ɕireːseːn sejoː] "烤土豆"

将土豆放入火堆中烤熟而成的食品。烤熟后的土豆外焦里嫩，非常美味，是过去人们在野外劳动或野餐时必备的口粮。

4-51 ◆小庄

[tɕinlesen sejoː] "蒸土豆"

清蒸的土豆。土豆成熟时，人们会把新鲜的土豆放入锅中蒸熟吃。土豆是土族地区主要的农作物之一，有的人家冬天也可以把储藏好的土豆蒸着吃。

4-50 ◆小庄

[khurkusen ʂke phutɕhek] "炒大豆"

将去皮的大豆蚕豆放入锅中翻炒而成的一种小吃。这种小吃口感香脆，味道宜人，在互助县的大街上随处可见，是当地常见的街头干果之一。

4-53 ◆小庄

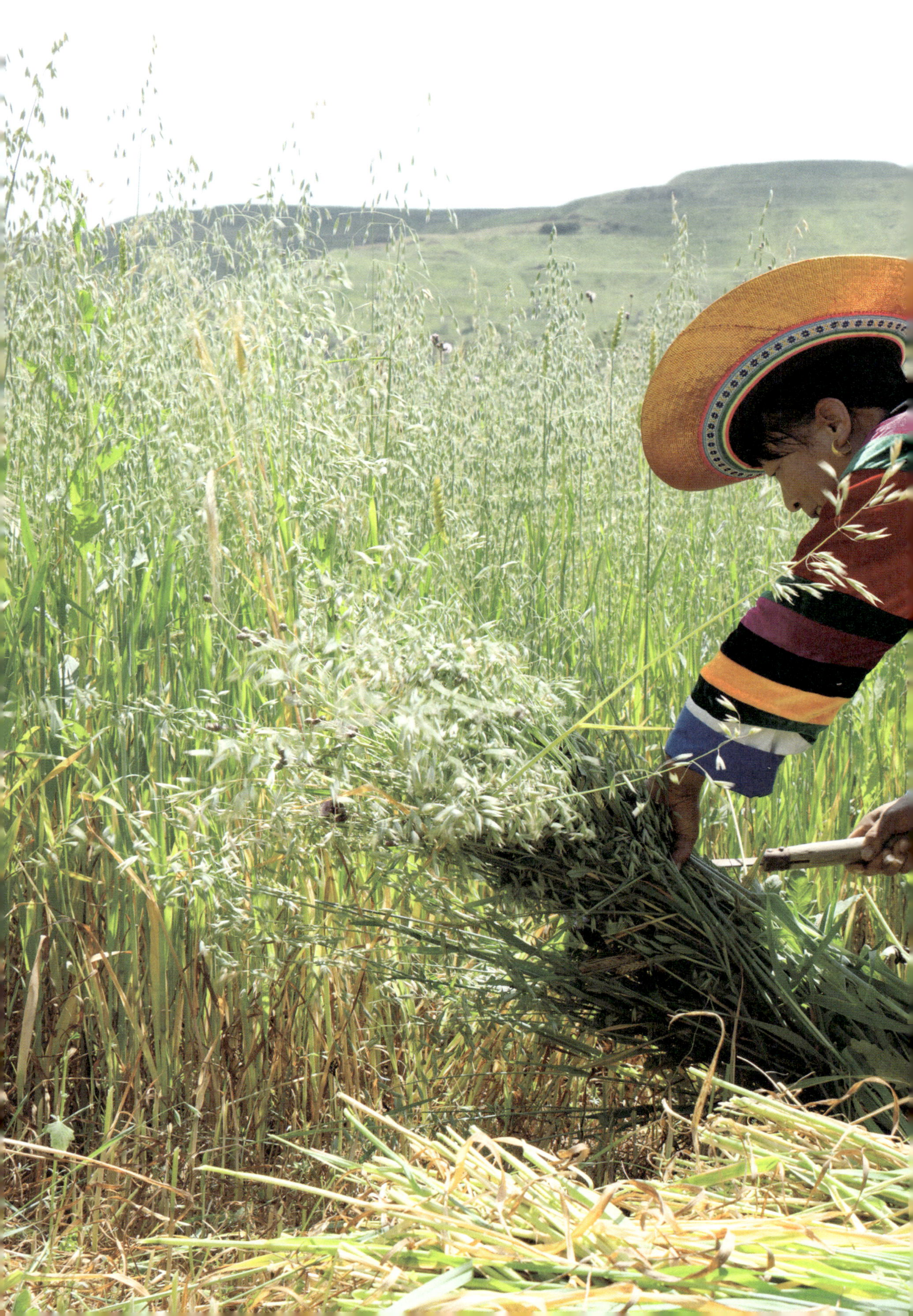

伍·农工百艺

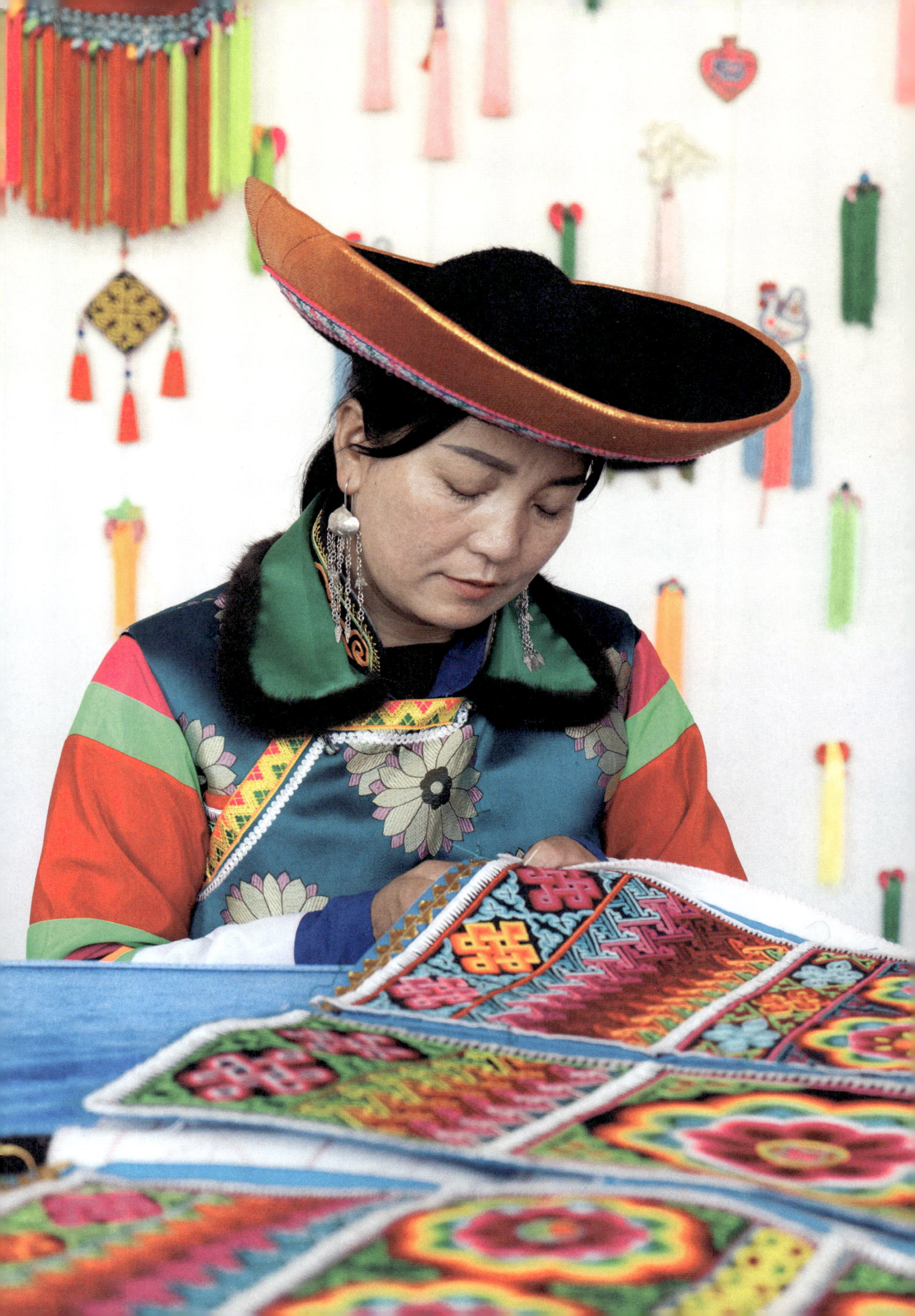

随着时代变迁和生产方式的转变，土族人逐渐转变为农耕民族，熟练掌握了耕地、播种、脱粒、纺织、编织等各种农工技艺，农业生产也变成了他们的主要生产活动和经济来源。经过几百年的农耕生活，他们的农业技术得到了相当大地发展，也形成了本民族独具特色的农业文化。

新中国成立以来，互助县的农业稳步发展，尤其是改革开放以来，先进的农业技术大大地提升了粮食的产量。从20世纪90年代开始，互助县的农业生产也慢慢地普及机械化，许多先进的技术也应用到了农业生产当中，像条播、机械深翻、合理密植、施肥、药剂除草等技术已经基本做到了全覆盖。发展到今天，当地农业生产从种植到收获的全部过程都由机械完成，农业生产效率有了大幅的提升。

互助县土族人中，除一小部分兼营少量畜牧业的人以外，大部分土族人都以从事农业为主。主要农作物有小麦、青稞、油菜、土豆等。土族人顺应四季更替的自然规律，春末播种，夏季管护，秋尾收割，冬季储粮。完成一年农事活动后，土族人做的第一件事就是用新粮食磨的面蒸十三个馒头敬献神佛，用新榨的油点燃佛灯。同样地，会把用新粮食酿造的第一杯酒敬献给苍天大地，把第一碗酒供奉给神佛。这体现了土族人的感恩之心，他们用虔诚、纯洁的心感谢苍天、神佛保佑一年风调雨顺，庄稼丰收。

土族人心灵手巧，勤劳能干。他们不仅在农业生产上得到了良好的发展，在农具制造、手工艺、商业以及其他行业也有了长足的发展。如果说各式各样的农具彰显了土族人民勤劳质朴的生活本色，那么擀毡、编织、工匠手艺则彰显了土族人民热爱生活、心灵手巧的品性。在漫长的耕作习俗中，他们从使用木制器具转为铁制器具，从使用传统的水磨坊、土油坊到使用现代化机械设施，从小摊铺发展为琳琅满目的集市，人民的生活水平不断提高，生产方式也更现代化。

耕作是生产的根本，手工百艺是生活的色彩，恰恰是在历史悠久的农工百艺发展过程中，土族人民积累了生活的技巧，积攒了发展的经验，更积淀了独具一格的地方习俗。土族人的手工技艺中擀毡、织褐、编织比较出名，也有银匠、木匠、石匠、裁缝等手工艺人。

一 农事

5-1 ◆大庄

[qetɕər]"田地"

　　当地农民种植农作物的土地。互助土族地区的田地有山田、水田和滩田等几种，大部分田地为没有灌溉系统的山田，平地和水田相对较少，庄稼收成受降水量和气候影响较严重。

[ulo qetɕər]"山田"

　　分布于山坡或山谷间呈梯田形状的田地。通常种植青稞、小麦、油菜、土豆、蚕豆、豌豆等农作物。

5-2 ◆大庄

5-3 ◆ 大庄

[thertɕin qetɕer]"平地"

　　分布在村庄周围地势较为平坦的地方。通常种植青稞、小麦、油菜、土豆等农作物。相比于山地，平地具有灌溉方便、交通便利等优势，但由于互助县地形以高原山区、丘陵沟壑为主，没有大面积可用于种植农作物的平地。

[peimeːl qetɕer]"坡地"

　　能种植庄稼的山坡，通常都被修整成梯田。土族居住的村庄周围，随处可见种满庄稼的坡地，种植蚕豆、油菜等耐旱抗冻的高原农作物。

5-4 ◆ 大庄

互助土族语　伍·农工百艺

153

[khitçe:n qetçer] "荒地"

不宜再继续种植农作物，且坡度较大的撂荒的坡地。近年来，随着国家出台退耕还林、种草种树等保护生态环境的政策，荒地、山林的面积有一定幅度的增长。长满花草树木的荒地可有效缓解土地沙化等生态问题，改善当地自然环境和气候条件。

5-6 ◆大庄

[xɜurtsi tile] "烧草"

利用现代机械收割庄稼后才新增的农事活动。春耕之前烧掉农田中残留的秸秆是必不可少的准备工作，否则不能开耕播种。烧草有利有弊，焚烧秸秆和杂草有清除田地杂草、消灭害虫的益处，但焚烧产生的大量烟雾也会造成大气污染，需进一步探索可行性较强的处理秸秆、杂草的方法，提高回收利用率，减轻环境污染。

[qetçer fuli] "犁地"

用铁犁翻地，是播种前的必要环节。过去用畜力拉动铁犁翻地，现在普遍用机械完成工作。

5-7 ◆大庄

155

5-10 ◆大庄

[qɐtɕɐr moːrlɛ] "耙田"

　　用耙或耱等农具弄碎土块、耙平田地。

5-8 ◆ 大庄

[thεrε: thεri] "播种"

在耕好的土地上播撒种子的农事活动。播种方式有撒播、条播、点播等，采取哪种播种方式与农作物的种类、生长习性、田地的类型等密切相关。现在多数农民都使用新式的播种机械完成播种工作，工作效率有了大幅提升，农作热情和收入也随之提高。

[su:lɜu puri] "铺塑料膜"

针对互助地区光照充足，昼夜温差大，冬春季蒸发量大于降水量等情况，当地农民用铺农用塑料薄膜的方式保持土壤的湿度，使种子能够得到良好的生长环境，可以有效增加粮食产量，确保农民收入。秋收结束后，当地农民会清理好农田中残留的塑料薄膜，避免污染环境。

5-11 ◆北庄

[usi lo:tsi] "草垛"

收割完农作物后,将农作物秸秆捆扎堆积起来的草堆。这些秸秆麦草既可作为牲畜的草料,也可用作生火做饭的柴火。也可卖掉多余部分,增加家庭收入。

[tɕheqe:n usi] "干草"

庄稼脱粒以后剩下的秸秆。干草可以当作牲畜的草料、柴火。根据秸秆草的颜色呈白色、淡黄色的特点,土族人把这种草习惯叫作"白草"。

5-12 ◆北庄

5-13 ◆ 大庄

[ʂtɛːqu] "柴火"

取暖和烧火做饭的燃料。柴火有柴草和木柴之分。柴草是指树枝、秸秆、杂草等燃料，木柴则是指劈成条状的木头。土族人把少量的柴火一般堆放在厨房的角落空闲处或院墙外，大量的柴草则堆成草垛。

[iːtsi] "碎柴"

碾碎的秸秆和麦草。以前，秋收之后将农作物在打麦场上打场时经过反复碾压自然形成碎柴。碎柴主要用来煨炕取暖、生火堆做锟锅馍，也可作为引燃柴火的引火物。

5-14 ◆ 大庄

互助土族语 伍·农工百艺

159

5-16◆威远镇

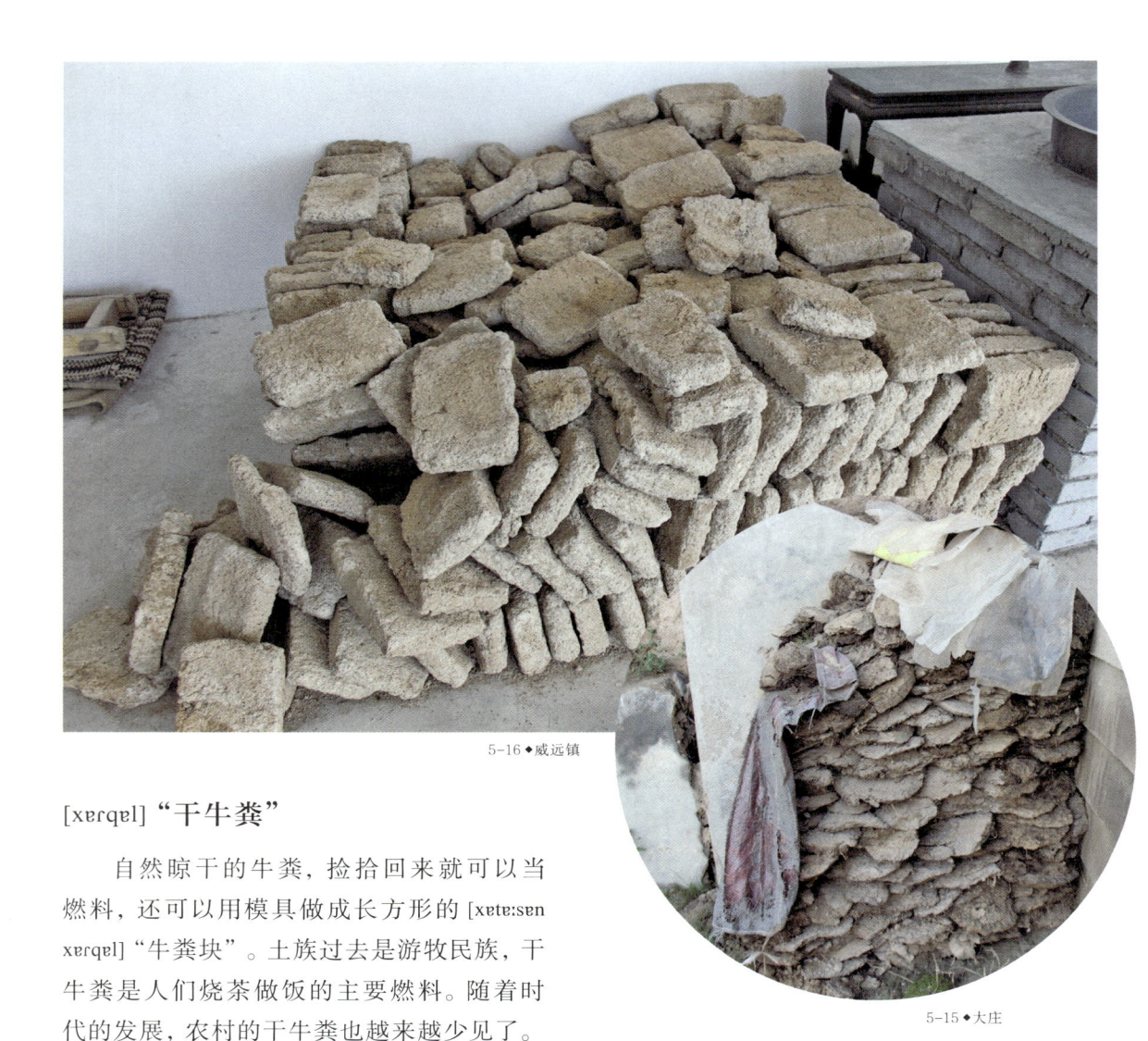

[xərqel] "干牛粪"

　　自然晾干的牛粪，捡拾回来就可以当燃料，还可以用模具做成长方形的 [xeteːsen xərqel] "牛粪块"。土族过去是游牧民族，干牛粪是人们烧茶做饭的主要燃料。随着时代的发展，农村的干牛粪也越来越少见了。

5-15◆大庄

[fok xoreː] "积肥"

　　把可以腐蚀、发酵的物质堆放在一起发酵后产生的农家肥。主要由家畜家禽的粪便、烧秸秆产生的草木灰等堆积发酵而成。农田施用自制的有机肥料可以有效改善土壤成分，为庄稼生长提供良好的营养供给，用自制肥料种植的庄稼同时也是无公害的绿色产品。

5-17◆北庄

5-19 ◆ 大庄

[ɕiuni tɕirɛː] "赶麻雀"

秋天庄稼成熟，为了防止麻雀等鸟类偷吃庄稼，会在田地里挂上各种彩色布条，或制作简易稻草人立于田间，用来吓唬偷吃庄稼的鸟类。赶麻雀也是每年秋天必不可少的农事活动，尤其是在容易被鸟类偷吃的农田中，到处都能看见彩旗或稻草人。

[noliː sətɕi] "施肥"

将发酵好的农家肥人工撒施于田间，通常在春耕之前完成。给庄稼施化肥称为 [xuɐfei sətɕi]。

5-18 ◆ 大庄

5-20 ◆北庄 　　　　　　　　　　　　　　　　　　　　5-21 ◆北庄

[tɕhok tɕhoklɐ] **"打捆"**

　　将刚收割的谷物用秸秆扎成 [tɕhok] "捆子"。农作物收割之后，打成捆子，然后竖着排放，以便尽快打碾入库。

[thɛrɛ: xo:lqɐ] **"晒粮食"**

　　庄稼打完场后，要找一个平坦宽阔的地方晒干粮食。晒粮食需反复翻动、推拨，以加快其晒干速度。晾晒粮食的时候，还需有人不时翻动，防止鸟雀、家禽等糟蹋。

5-24 ◆北庄

5-22◆北庄

[sɐjo: mɐnthɐ] "挖土豆"

  土豆是互助地区的主要农作物之一，用来做主食和炒菜。秋天土豆成熟时，农民通常用铁锹挖出地里的土豆。挖土豆是一项技术活，挖的时候要避免铁锹伤到土豆。

[phutɕɐk tɕhumo:] "摘豆子"

  把豆荚采摘下来。互助地区种得最多的豆类作物是豌豆和蚕豆，豆荚成熟的季节，也是农民们开始忙活着摘豆子的时节。刚采摘的新鲜豆子，无论是蒸着吃还是炒着吃都是香醇可口的美食。

5-23◆北庄

互助土族语 伍·农工百艺

163

5-25 ◆北庄

[tʰɜrɛː kʰiskɛ] "扬场"

借助风力将谷物和杂物分开。打场过后的谷物中会掺有谷壳、干草、尘土等杂物。打场时借助风力用木锹将谷物扬起，比较重的谷物会落在原地，杂物则会随风飘到另一边，从而分离出干净的谷粒。

[kɐitsi tɕhitɕik] "油菜花"

土族人广泛种植的油料作物。每年7月份，漫山遍野盛开的黄色油菜花，宛如花海，也有极高的观赏价值。

5-26 ◆北庄

164

5-27 ◆北庄

[fuleːn thuɾmeː] "胡萝卜"

　　人们日常生活中最常见的蔬菜，也是当地人最爱的蔬菜之一，其味道甘甜可口，可用来搭配各种菜肴。胡萝卜馅儿包子是互助地区人民最喜欢吃的早餐主食之一，健康美味的包子搭配鸡蛋汤、米粥等汤食，就是一顿丰盛的早餐。

[spei] "青稞"

　　青海最主要的农作物之一，可制作营养丰富的青稞面，也可酿造醇香的青稞酒。以青稞为原料的青稞酒是当地最有名的特色产品，互助县酿造青稞酒的历史悠久，品质优良。天佑德和威远酒厂是目前互助地区最有名的两家酒厂。

5-28 ◆北庄

二 农具

5-29 ◆北庄

[tɕhuːtsi]"锄头"

　　用于除草、盖土、碎土等农事活动的工具。锄头有长把的，也有短把的，分别在不同的农活中使用，虽然现在大部分农活都由机械完成，但锄头依然是常用工具。

[tɛntɛːɾ]"扁担"

　　常见的挑、抬物品的用具，用木头或用竹子制作。以前日常挑水、挑柴等活都离不开扁担，但随着人们生活水平的不断提高，随处可见的扁担也已慢慢淡出了人们的视线。

5-30 ◆小庄

5-31 ◆威远镇

[po:tɕhi]"簸箕"

　　用竹篾或柳条编成的三面有沿一面敞口的农用器具,用来装粮食谷物,也可用于簸去粮食中的糟糠。

[pholo]"筐箩"

　　用柳条或篾条编制而成,主要用于放置粮食和瓜果蔬菜。相对于常见的大筐箩,也有专门放置针线的小筐箩,是互助县土族妇女们做针线活儿时用到的便利用具。

5-32 ◆小庄

5-34 ◆北庄

5-38 ◆小庄

[qɛtir] "镰刀"

常见的用来收割庄稼的农具。过去还未普及机械的年代，一把锋利好用的镰刀能大大提高收割效率，磨镰刀也是下地前的重要准备工作。现在随着机械化收割的普及，镰刀只用于规模小或不费事的农活上。

[lotɕhi] "碌碡"

由石头制作，两头有孔，用畜力拉动碾压谷物脱粒的农具。使用机械脱粒机之后，这种传统农具多被闲置。

[ntɕesi] "犁"

用来开垦田地的农具，由农畜或机器拉动牵引。老式的三角形犁除了犁铧之外，其他部分全由木头制成。现在当地农民普遍使用的新式铁制翻转犁松土效果好，结实耐用。

5-36 ◆小庄

[tsɛ:tɜu] "铡刀"

　　切草工具。刀身前段用活动的栓杆固定在底槽，刀面尾部安装把手。

5-35 ◆威远镇

[ɐrok] "背篓"

　　分为竹背篓、芨芨草背篓、柳条背篓、铁背篓等，通常用于人工搬运粪土、谷物。常见的背篓多数是用柳条制成，贴近背部的一边系有一条或两条绳索，当作背带使用。现在这种手工编制的柳条背篓已不多见，人们用得更多的是新式轻便的铁制背篓。

5-33 ◆小庄

[pʰɛ:tsi] "耙子"

　　翻晒粮食的农具，也用于在打场时堆积谷物。由前面的板和长长的把手组成，有木制的，也有铁制的，铁耙子主要用于种菜时翻地松土，平整菜地，或用于在水田浇地时碎土平地。

5-37 ◆北庄

[tɕhenpiː] "铲子"

　　用于除草或者挖野菜等农活的小型用具。传统铲子把手通常都由木头制作，轻便顺手，现代铲子焊接铁制的把手，结实耐用且把手不易脱落。

5-41 ◆小庄

5-39 ◆小庄

[tɕheː moːti] "木杈"

　　用于打场等农事活动的工具。因杈齿数目的不同，可分为二齿杈、四股杈、六股杈等。近年来，随着农业生产方式的变化，木杈的使用和制作越来越少，更有被工业生产铁杈替代的趋势。

[ʂterke sənt͡ɕəːr] "荆杈"

　　打谷场上经常使用的农具，由铁制的杈子和长长的木把组成。打场时人们用荆杈来翻动谷物和秸秆，使其更好地脱粒，还可以用于迎风扬起带草的谷物使其分离杂物，跟碌碡等农具不同的是，荆杈至今仍然用于打谷场上。

5-40 ◆小庄

5-42◆大庄

[kurtçok] **"木锹"**

  扬场时使用的农具。其头部扁平宽大,把手很长,略弯曲。打完场,将谷物堆积起来后用木锹在风中扬起谷物,使粮食与杂质在风力作用下自然分离,把粮食弄干净。

[therke] **"农用车"**

  用于农业生产和日常生活中的大车。过去没有拖拉机等农用机械的时候,用牲畜拉动的农用车是农村最主要的运载工具。农用车的轮子,由纯木制作。现在这种农用车已不再使用。

5-43◆小庄

[sɛitsi]"筛子"

　　筛粮食的工具。通常由竹篾编制而成，多呈圆形，用于筛谷物。

5-45◆大庄

5-49◆大庄

[sɛiku:]"弯叉"

　　用来从草垛中撕草的铁叉子，其叉头呈月牙形。使用时用力将弯叉插入草垛中，然后握住把手用力下拉，从草垛中撕下所需草料。

[thurku therke]"推车"

　　依靠人力推动、运送少量物品的车子。即使是农用机械较为普及的今天，这种小型的推车也是农户家中最为常见的用具，也是建筑工地上常见的用具。

5-44◆小庄

5-47 ◆大庄

[thumur sɛitsi] "铁筛"

铁筛有两种，一种粗孔筛，工地上筛沙子用，一种细孔筛，用来筛粮食，筛粮食的铁筛比较精巧耐用。

5-46 ◆小庄

[le:tsi] "面筛"

筛子的一种，筛孔更细，多用来筛除面粉里的各种杂物。面筛是喜欢吃面食的土族人家中必不可少的用具。

[qer leŋthi] "手榔头"

这种配有长把的榔头主要用于施工场地，通常用来敲打刚刚铺好的砖头或瓷砖，使其表面变得更加平整。这种敲击瓷砖的手榔头通常由木头制作，易于捶打使用。

[fu:tɛ] "口袋"

用来装粮食、面粉、饲料的长筒状袋子，有粗毛线织的和麻线织的两种口袋。图5-50所示的这种口袋可装50—100公斤的粮食，不仅容量大，而且还结实耐用。土族传统的谜语中说的"饿的时候瘫坐在地上，饱的时候站立在墙边"，指的就是口袋。

5-48 ◆大庄

5-50 ◆威远镇

互助土族语 伍·农工百艺

5-51◆威远镇

[thɛrɛː sɜulqɐ] "粮桶"

　　用来装粮食的木制桶状用具。粮桶容量较大，可装几百斤粮食。木制粮桶不但能防止老鼠偷吃，还能有效防止粮食受潮发霉。除了在粮仓能经常看到粮桶之外，酒坊、酒窖等场所也经常使用粮桶。

[thulum] "皮袋"

　　用牲畜的皮制成的口袋。通常由牛皮制作，也有一些地方用山羊皮制作，这种皮袋可以装酒水，也可以装干粮和肉食。现在随着塑料袋和塑料瓶的普及，基本上没有人用这种老式的皮袋装干粮或酒水了。

[tɛːlen] "褡裢"

　　用褐布制成或麻线织成，中间开口，往两边口袋装东西的袋子。小型的可以挂在腰带上，中型的可以搭在肩上，大型的则搭在马背上。过去人们步行或者骑马赶路的时候经常使用褡裢，但现在基本看不到有人用褡裢了。

5-53◆威远镇　　　　　　　　　　5-52◆威远镇

5-54 ◆小庄

5-55 ◆小庄

[xoŋxor] "铃铛"

　　骑马时挂在马脖子上的装饰品，能发出叮叮当当的声音。

[thoqom] "鞍垫子"

　　骑马或者赶车的时候垫在马鞍下面防止马鞍挫伤马背的垫子。鞍垫子通常由柔软的毛线、棉花、布料等制作，结实又贴身，不会在马匹跑动过程当中前后滑动或掉落，能很好地保护马的背部。

[nokto:] "马笼头"

　　套在马头上用来控制、约束马匹的马具。由头套、扣环、牵绳等组成，通常用牛皮等结实的材料制作，现在也有纤维材料制作的马笼头。过去土族人过着游牧生活的时候，马是他们最好的伙伴，所以土族现在也非常珍视各种马具，不会到处乱放，更不会让其掉落在地上，会统一收好，放置在高处。

5-56 ◆小庄

[fureː] "投石绳"

将石头放在绳子中间的兜中，抓住两根绳用力甩出石头用于击打猎物或驱赶牛羊的简易工具。这种工具在放牧的时候可以用来驱赶牲畜，在打猎时还可以用来击打猎物。投石绳的绳索一般由熟牛皮或毛线制成，不仅结实，柔韧性也很强。

5-58 ◆小庄

[meːtɕir] "马刮子"

一种比较常见的马具。其作用有两种：一是当马进行高强度劳作或运动之后及时刮去马身上的汗水；二是在马换毛的季节里刮除马的旧毛。用马刮子刮马的时候一定要顺着马毛的生长方向刮，不然可能会刮伤马的皮肉。

5-61 ◆小庄

[ɾente] "缰绳"

通常由牛毛等结实耐用的材料编织而成，用来牵马的绳子。马笼头和马缰绳都是土族养马人特别珍视的马具，不会随意放置和从上边跨越，也不会用缰绳抽打马匹，这些都是曾经的游牧生活留下的习俗。

5-57 ◆小庄

5-59◆小庄

[imel] "马鞍"

骑马时放在马背上供人骑坐的马具。由木制的马鞍、鞍垫子、马镫、肚带等部分组成。过去家境优越的富贵人家的马鞍、马嚼都会镶银，以显示其尊贵的地位。随着当地骑马的人逐渐变少，马鞍这种马具也已不多见。

[jortɕol] "马镫"

马鞍的一部分，是供骑马人在上马和骑乘时用来踏脚的马具。当马奔跑时，骑者踩住马镫并双腿夹紧马身子，保证不从马背上摔下来，也可以站在马镫上减少颠簸。除了铁制马镫之外，还有精美的铜制马镫和银制马镫。

5-60◆小庄

5-65 ◆大庄

三 手工艺

[motɕhi] "木匠"

　　专门做木工的手工艺人。当地人的日常用具和农具中木制的工具最为常见，木制工具需求量大，所以当地木匠也很多，他们的手艺也非常精湛，最能体现当地木匠手艺的，当属每家每户大门顶上和大房屋檐下的木雕（见图1-2"雕花房"）。

5-66 ◆大庄

[mi:pi:] "泥板"

　　泥瓦工用来抹泥、刷泥的工具。下面是用于抹泥的铁制平板，上面配有木制的把手，有三角形、四角形泥板。三角形泥板适合挖泥、修泥，四角形泥板适合贴泥、抹泥。

5-64 ◆小庄

[thumur leŋthi] "铁榔头"

　　铁制的榔头，是石匠和泥瓦工们常用的工具。在建筑工地上，敲碎大块的石头、往墙上砸钢钉等工作都需要借助铁榔头来完成。

5-62 ◆大庄

[ɕɐvɐrtɕhi] "泥工"

　　在建筑工地上负责和泥、砌泥墙的工人。在当地，泥工在整个建筑团队中算是小工，工资通常情况下都是当日现结。

[vɛːtɕhi] "瓦工"

　　在建筑工地上负责上房顶铺瓦片的工人。铺瓦是一项技术活，需要调整好瓦片之间的距离，还要保持各排瓦片的平行整齐，避免逢大雨天气房顶漏水。

5-63 ◆大庄

[tɕhiru:] "锯子"

木工用来锯木的工具。锯子种类多、用途广，其中单把锯子和推把锯子是最常见的两种锯子。图5-68所示的锯子是通常用在小型木工活的锯子。在当地，做其他伐木等大型木工活时经常用电锯。

5-68◆大庄

[moːti menthe] "雕木"

在土族人家的大门上方以及窗户两侧都能看见各种非常精美的木雕，而雕刻这些花纹的木工活就叫雕木。雕木需要纯手工完成，是一项技术活，不仅需要耐心，而且还需要高超的技艺。当地每家每户和寺院都有精美的木雕。

5-71◆北庄

5-67 ◆大庄

[miːtʂu] "墨斗"

　　由墨仓、线轮、墨线、墨签四部分组成，是木工的常用工具。通常用来打直线、画竖线和做记号等。

5-69 ◆北庄

[mɛːtʂoː] "木马"

　　木匠放置圆木的辅助工具。做木工时，木匠将粗大的圆木放在木马上，让其平稳牢固，便于砍、刨木料。

5-70 ◆小庄

[xɛril] "推刨"

　　两边有轻便的推把，中间的木盒里装有锋利的推刀。木匠做工时从两边握住把手，用力来回推动，推平木料，使其平整光滑。推刨有大型推刨和小型推刨之分，分别用于加工不同大小的木材。

5-72 ◆北庄

[moːti tɕhuitsi] "木槌"

　　木匠在雕刻花纹时用来敲打凿子的木制工具，有大有小，各有用途，木匠师傅会根据自己的需要，在不同的雕刻工作中选择不同的木槌。木槌更为轻便，所以在雕刻木雕花纹时会优选使用木槌而不是铁锤。

5-76 ◆大庄

[tɕʐutɕhi] "裁缝"

　　裁剪、缝制各种衣物的人。如今的裁缝铺配有各种新式的裁剪机、缝纫机，制衣工作效率也提高了很多。过去全家人的衣帽鞋袜都由勤劳的家庭主妇手工缝制，但随着社会的快速发展，现在很少自己缝制衣服。

[muɾketɕhi] "织布工"

　　用棉线和毛线等材料织布的人。土族有自己传统的织布技艺，用简易的织布机纺织粗布和褐子，用于缝制服饰或做其他用具。现在已经没有手工织布的人，这种织布技术也成了珍贵的非物质文化遗产。

5-77 ◆小庄

5-75 ◆大庄

5-74 ◆威远镇

[puliu]"磨刀石"

分为粗磨石和细磨石两种，粗磨石主要用来初步磨平刀刃上的凹凸不平之处，而细磨石用于磨快刀刃。无论是农事活动还是在其他日常工作，磨刀石都是必不可少的用具。

[tɕhitɕik menthe]"雕花"

在木材、砖材或者石材上雕刻各种花纹图案。互助地区几乎每家每户的大门上都刻有精致的木雕、砖雕或石雕。这种雕花的技艺需要长年累月的反复雕琢才能练成。

[ther sku]"石雕"

用石头雕刻而成的雕塑。

5-73 ◆威远镇

互助土族语 伍·农工百艺

183

5-79 ◆小庄

5-78 ◆大庄

[xeitɕhilesen tɕhitɕik] "剪纸"

用各种颜色的纸剪出的手工作品。其形式多种多样，内容丰富，包括莲花、娃娃、各种动植物等。人们在过年或者举办婚礼时，把剪纸贴在窗上，不仅美观，还有祈福纳贵的寓意。

[juntʂu] "熨斗"

传统的熨斗是用生铁铸造的，前端稍尖、底部平滑，在上面的斗里放置火炭，加热后可以用来熨平布料或衣物。

[ʂtɛːtsi thəmu] "搓线"

把棉、麻、毛等几根线合在一起搓成一条。较粗的用来捆绑麻袋、口袋等。除了这些，搓出来的线还可以用来纳鞋底或者织褐布时使用。

[furoːŋkiː tɕʂu] "盘绣"

土族盘绣用料考究，做工精细，选用纯棉布做底料，裱上几层糨糊，贴好上好的面料后再根据需要去裁剪。盘绣选用上等丝线，注重配色，其针法是一针两线，一线为盘线，一线为绣线。盘绣品厚实华丽，经久耐用。一件精美的盘绣品，需耗时数月甚至一年才能完成。最常见的盘绣图案有八吉祥、万字、云纹、太极、彩虹等。通常用在衣服或装饰品上。

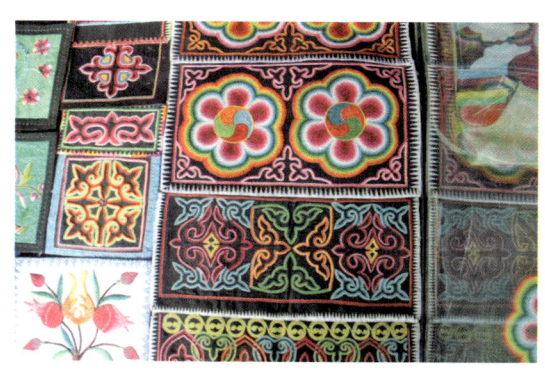

5-80 ◆小庄

5-83 ◆小庄

5-82 ◆小庄

[ɕintɕir tɕɜu] "刺绣"

用针线在衣服或装饰品上绣制各种花纹图案，也是土族传统的手工艺，当地人在丝绸等面料上用各种颜色的彩线绣出精美的花纹。土族绣品的针法有刺绣、盘绣、堆绣、拉线绣等，是一项技巧与耐心并重的手艺。

[murke therke] "织布机"

织布机是较为古老的用具，依靠人工织布。在棉布普及之前，农民们用织布机织出的褐布裁制衣物。如今这种人工机器已不再使用。

5-81 ◆小庄

四 商业

5-84 ◆大庄

[mexe phu:tsi] "肉铺"

　　卖肉的铺子。在土族地区，肉铺随处可见，而且多数都是猪肉铺，猪肉被当地人叫作"大肉"。土族地区的八眉土猪肉非常有名，是最有特色的肉食之一。周边的外地人也会慕名而来，购买八眉土猪肉，很多面馆也设有售卖卤猪肉的窗口。

186

5-85 ◆大庄

[ʂtimə phuːtsi] "馍馍铺"

卖馍馍的铺子。在当地，馍馍的种类多种多样，常见的馍馍有花卷、烤馍馍、油条、盘馓、空心饼等。当地人对馍馍情有独钟，当作一日三餐的主食，所以馍馍铺是最常见的商铺之一。

[kʊɐntsi] "馆子"

饭馆。当地土族聚集居住的村落周围有很多卤肉面食馆，这些面馆以售卖面食为主，配有卤肉、炒菜、当地的特色土鸡和排骨等菜肴。这种农村里的饭馆通常都设在路边，颇具民族特色。

5-86 ◆大庄

[vɐrme] "杆秤"

称重用品。以带有星点的木杆或金属杆为主体,有秤砣、砣绳、秤盘(或秤钩)。按使用范围和称量的大小分为戥子、盘秤和钩秤三种。杆秤的制作方法和结构都比较简单,使用起来也方便,如今仍然在使用。

5-88◆威远

[teːl phuːtsi] "服装店"

卖服装的店铺,在土族居住地区有很多民族服装店售卖本民族的服饰。土族人在节日、集会、婚礼和宗教活动等隆重场合,都会穿本民族服装。近年来随着旅游业的发展和举办各类民族特色活动次数的增加,这些民族服装店的生意也变得越发地红火。

5-87◆大庄

5-89 ◆ 小庄

[tirɛːsi niɾe] "酿酒"

　　互助土族地区主要酿造青稞酒，酿酒是当地最红火的行业。当地酿酒历史源远流长，是远近闻名的青稞酒之乡，国际著名品牌天佑德青稞酒的总厂就位于互助县城威远镇。每当远方的游客到达互助县威远镇，就可以闻到飘香满街的青稞酒味。

[thoːtsi teːɾi] "榨油"

　　土族地区主要用菜籽、胡麻等农作物榨油，榨出来的植物油不仅营养丰富，而且是绿色环保的健康食品。当地人很早就掌握了榨油技术，一直流传至今。

5-90 ◆ 大庄

189

五 其他行业

5-94 ◆大庄

[tenteːrtɕhi] "货郎"

将货物挑在肩上，走街串巷做买卖的商贩。以前货郎们用日用品和布料、丝绸等货物从农民那里交换谷物、鸡蛋等农副产品。随着各种交通工具的普及，如今这种徒步卖货的货郎也逐渐被其他商贩替代。

[xonitɕhi] "牧羊人"

养羊放羊的人。现在互助地区的养殖业大部分都是圈养育肥，所以很少见到在外放羊的人。目前大部分人都以从事农业为主，养羊的人越来越少。

5-95 ◆大庄

5-91 ◆小庄

5-92 ◆小庄

[numu]"弓" | [smu]"箭"

  土族历史上是游牧民族,能骑善射。现在射箭活动已悄然成为土族人的休闲娱乐项目。直到今天,土族人依然十分爱惜弓箭,会将弓箭高高地挂在墙上,绝不会将其随意乱放。

[tɕertɕin khun]"屠夫"

  专门从事屠宰牲畜工作的人。土族人不会直接说"杀羊",而是习惯用"使用、弄倒"等词代替"杀"字。

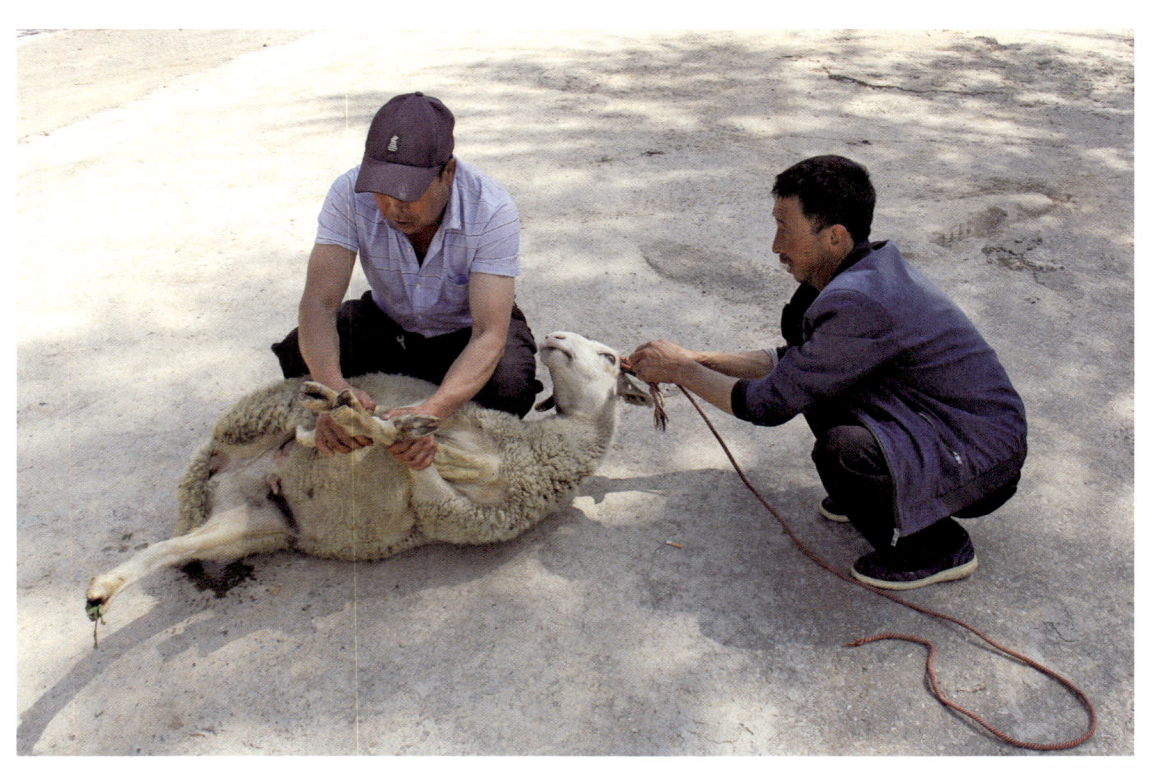

5-93 ◆大庄

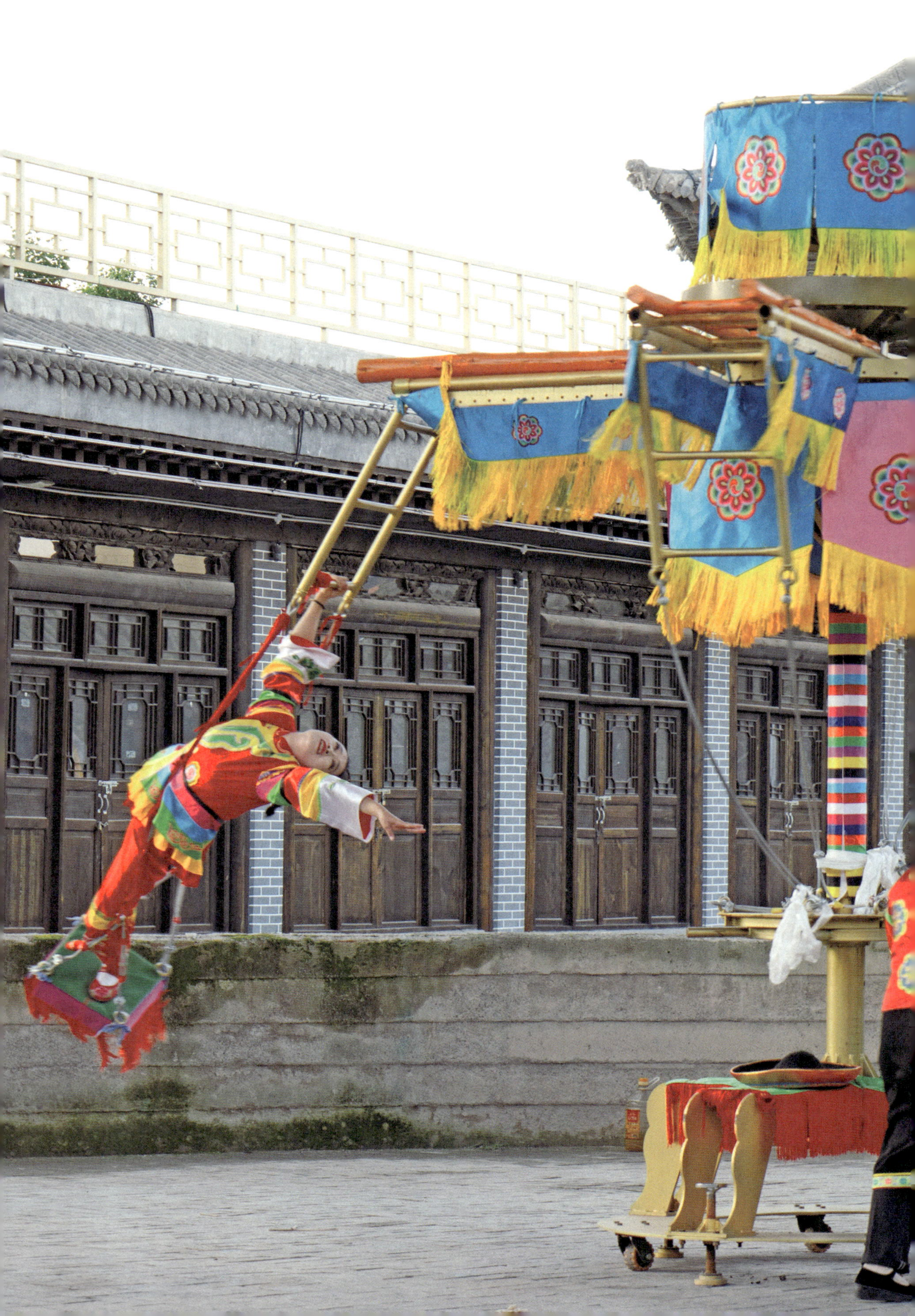

陆·日常活动

生活在青藏高原的土族，其生活起居和风俗习惯因受生活环境、生产方式、历史文化等因素的影响，形成了鲜明的地域民族特色。他们的日常起居、娱乐活动、信奉习俗中处处透露着勤劳淳朴的民族风情，洋溢着积极向上的活力，既保留着游牧生活的痕迹，也蕴含着农耕文明的众多元素。

土族娱乐活动内容丰富、形式多样。其中有保留着游牧生活印记，充分展现土族男儿勇敢豪迈性格的射箭、摔跤、拔腰、抛"伏热"等娱乐项目；有在长期的农耕生产活动中庆祝丰收的娱乐活动转轮子秋，其历史悠久，已被列入国家级非物质文化遗产名录；还有那些传承至今仍富有地域特色和民族风情的拔棍、拧手指、抓石子、荡秋千等娱乐项目，这些项目充分彰显了土族人民勤劳质朴、热情豁达的民族性格。除了力量比拼的娱乐活动外还有智力博弈的"济格力玛遥""汗遥""喇嘛遥""阿斯陶"等棋弈类项目和其他棋类、纸牌类大众娱乐项目。

能歌善舞的土族人民在长期的生活实践中形成了极具地域民族特色的舞蹈，其

中代表性的舞蹈有安召舞、欠木舞和於菟舞。安召舞是广泛流传的民间舞蹈，是集词、曲、舞为一体的集体圆舞形式，其曲调高亢嘹亮，男性舞姿粗犷豪放，彰显力量之美；女性舞姿柔美轻盈，加上美丽的五彩花袖衫和鲜艳夺目的腰带，跳动时犹如舞动的彩虹般绚丽夺目，是庆祝节日和办喜事时必不可少的环节。欠木舞和於菟舞是在宗教活动、游牧打猎生活中形成并传承下来的舞蹈，只在重大活动中表演，日常生活中并不多见。

土族在漫长的历史变迁过程中，受萨满教、藏传佛教等不同宗教的影响，其信奉习俗也展现出了鲜明的地域特色。土族先民曾信仰萨满教，现流传于互助地区的"博纳顿"就是"萨满"遗风，但受藏传佛教的影响最为深刻，在婚育丧葬、节日活动中处处体现着佛教文化。除此之外，民歌、民间故事中也有不少与藏传佛教相关的内容。

日常活动最能体现一个民族内在心理和风俗习惯，土族人民热情豪迈、善良淳朴、敬畏生命、崇尚和平、热爱大自然的民族心理和风俗习惯体现在生活中的方方面面。

互助土族语　陆·日常活动

一起居

6-2 ◆小庄

[tireːsi utɕe] "敬酒"

喜酒好客是土族传统习俗，敬酒之礼尤为重要，相互敬酒时注重"酒满杯，敬三杯，敬满桌，酒喝干"。当长辈接到第一杯酒时，首先要用无名指向上弹三下，把美酒的头份献给苍天、神佛和祖先，礼毕才能自己饮用，同时回敬敬酒方；晚辈给长辈敬酒时，起身后将盛满酒的酒杯恭敬地端到长辈面前；长辈给晚辈赐酒时，也可起身，但不用递到晚辈面前，端起酒杯说上几句教导和祝福语后，晚辈接过酒杯饮尽杯中酒。

[xori theː] "猜拳"

酒席上常见的助兴游戏之一。土族的猜拳游戏与我国北方酒桌上的猜拳一致。游戏中输的一方要喝酒，实在不能喝酒的，要么唱歌，要么表演节目，以喝酒唱歌助兴为主，使酒桌气氛更加欢快融洽。

6-3 ◆北庄

6-4 ◆小庄

[xoni tile:] "压手指"

  酒席上常见的助兴游戏之一。其规则为双方每个回合只能出一根手指，大拇指赢食指，食指赢中指，中指赢无名指，无名指赢小拇指，小拇指又赢大拇指，循环往复。游戏规则虽然简单，但考验游戏者手速及手脑并用的能力。熟练的出手速度往往能激起喝酒热情，在游戏双方热烈的比拼中酒席上的气氛也会越来越高涨。

[ne:merte] "聚餐"

  当地农民在秋收之后聚在一起享用美食、闲谈家常的群体活动。这一习俗随着农耕文化发展、传承至今。过去农民们完成秋收工作后每人出一份钱聚在一起享受一顿丰盛的美餐，以此犒劳自己一年的辛勤劳作，享受丰收的喜悦。随着人们生活水平的提高，聚餐活动越来越频繁，不仅限于秋收时节，每逢大小节日、客人到访时都会邀请邻里亲朋前来聚餐，表达好客之情。

6-1 ◆小庄

6-5 ◆小庄

[uɻon] "座次"

在宴席上，座次的讲究能很好地体现民俗礼仪。土族尊老爱幼，注重礼节，对座次有十分明确的讲究，分为 [teːti uɻon] "上座"、[tonte uɻon] "中座"、[toːɻe uɻon] "下座"，长者、宾客坐在炕上面对门口的中间位置，为上座；中年人根据岁数和辈分围坐在炕桌两旁，为中座；年轻人坐在背对门口的下方位置，以便端茶倒水，为下座。座次中遵循男左女右的礼节。

[tɕhɛː suɻi] "添茶"

土族人视茶为饮食上品，早已成为他们的生活习惯，从而自然形成了添茶的文化。添茶通常由妇女和晚辈来做，添茶时必须用双手，以示尊重，也不能倒得太满，茶水溢出视为不礼貌。

6-6 ◆小庄

6-7 ◆北庄

[xeŋseː thite] "抽旱烟"

　　旱烟是一种传统的烟草，抽旱烟时将烟丝或碎烟叶装在烟袋里，用烟锅抽吸。随着社会生活质量的提高，旱烟逐渐被香烟替代，现已不多见。土族村落中少数老年人喜好抽旱烟，其中有些老人还珍藏着年代久远的烟袋和烟锅。

[snəjen thite] "吸鼻烟"

　　鼻烟是将烟草晒干后磨成粉末状，与一些香料混合制成的烟制品，再装入精美的鼻烟壶。因鼻烟用鼻子吸用，而非用嘴抽吸，所以得名"鼻烟"。相比于抽吸的旱烟、香烟，鼻烟不需要点燃，方便携带。吸鼻烟的习俗现在并不多见，只有少数老年人吸鼻烟，但很多土族人家都珍藏着一两个精致的鼻烟壶。过去，相互交换鼻烟壶也是一种重要的交际礼仪。

6-8 ◆北庄

互助土族语　陆·日常活动

199

6-9 ◆小庄

[stsʉ sɛnlɛ] "梳头" | [khukol kuɾi] "编辫子"

女性梳妆的重要环节。土族妇女十分注重仪表，认为清晨头发梳得好，一天才能更有精神、更有活力。过去，年轻女子不能在长辈面前梳头发，否则被认为没有礼貌。如果妇女蓬头垢面、披头散发，也会被人们看不起。编辫子尤为讲究。未婚女子通常扎一条辫子，嫁到男方家的前一天由嫂子将长发扎成两条辫子，表示已为人妻，所以土族未婚女子扎一条辫子，已婚女子扎两条辫子。

[tɛːltin qetɕer] "集市"

定期进行商品交易的场所。集市通常半个月或一个月举办一次，没有固定地点，通常在几个村落的交界处举办，便于附近的村民前来交易农牧产品，购买日常用品。过去人们前往集市主要是交易自家农牧产品或购买生活所需物品，现在人们身着盛装，成群结队前往集市，不仅交易和购买商品，也与亲朋好友逛街聚餐。互助地区的集市通常与宗教集会、传统节日集会同时举行。

6-10 ◆丹麻

二 娱乐

[tɕhi: jɜu] **"下棋"**

6-12 ◆大庄

当地人经常玩的棋包括象棋、跳棋、五子棋等大众棋牌外，还包括土族传统的"喇嘛遥""阿斯陶"等棋牌游戏。"喇嘛遥"意为"走喇嘛"，"阿斯陶"意为"赶牛"。玩法是双方在棋盘上彼此"追赶"，先将对方逼至死角者获胜，游戏规则简单易学，可以两人玩，也可以四人玩。

[phukhei neːthi] **"打扑克"**

当地比较流行的消遣娱乐活动。在农闲时，人们聚集在商店门口、凉亭、十字路口等地打扑克，玩法多种多样，比如五八王、三五反、炸金花、红桃四、四家牌、拖拉机、招女婿、搭火车、斗地主等。

6-11 ◆大庄

互助土族语 陆·日常活动

201

6-13 ◆大庄

[niutɕi nɐːthi] **"捉迷藏"**

　　儿童找人游戏之一。首先通过猜拳的方法确定一位寻找者，通常是猜拳输了的一方先寻找，其余的人在规定时间和范围内找一处隐蔽的地方躲藏起来，寻找者也要在规定时间内找到所有人才算赢。

[tenpɔu nɐːthi] **"电报"**

　　儿童找人游戏。首先，通过猜拳方式选出一个抛石者和寻找者，抛石者把事先找好的石头扔出去，待抛石者一声令下，寻找者要跑去捡石头，此时其余的人要四处隐藏。寻找者捡到石头后先将其藏起来，然后开始寻找其他人。与此同时，隐藏的人也要寻找石头，若谁找到了石头，便大喊一声"电报"，寻找者输，游戏就结束，若喊"电报"前寻找者把众人都找到，则寻找者赢，游戏结束。

6-14 ◆大庄

6-15 ◆大庄

[rkor nɛːti] "老鹰捉小鸡"

多人参加的趣味游戏。游戏开始前分配角色，由一人当"母鸡"，一人当"老鹰"，其他人为"小鸡"，"小鸡"们依次抓住前一个人的衣襟，在"母鸡"身后排成一列。游戏开始时，"老鹰"要捉"小鸡"，"母鸡"保护"小鸡"，"小鸡"们则左右躲闪，不让"老鹰"得逞。

[thuɾmɛː ʂteː] "拔萝卜"

儿童集体游戏，通常男孩子玩得比较多。首先通过猜拳方式选出一个或者两个"拔萝卜"的人，其余人充当"萝卜"，排成一列坐在地上，游戏开始后，"拔萝卜"的人使劲拽最前面的人，而"萝卜"们则紧紧抱住前一个人的腰，试图不让他被"拔"出来。

6-16 ◆大庄

互助土族语　陆·日常活动

6-20 ◆大庄

[thiur neːthi] "抓石子"

　　考验手和眼协调能力的游戏。准备一堆小石子，撒开在地上，将其中一颗抛起，在它落下前迅速抓地上的其他石子，也要接住抛出的那颗石子，抓起地上的石子时不能碰其他石子，否则无效，如果没有抓到石子或犯规，则对方去抓，游戏反复进行，最后谁抓到的石子多谁赢。

[poːtok tiuli] "跳绳"

　　广受欢迎的健身娱乐活动。男女老少皆可参加，主要的玩法有单人跳、双人跳和多人跳。

6-17 ◆大庄

6-19◆大庄

[molqɛ niu] "丢手绢"

　　儿童抓捕游戏。大家围坐成一个圆圈，一个人拿着手绢绕大家跑，趁大家不注意将手绢悄悄地丢在某人后面，被丢手绢的人发现后迅速起身追赶丢手绢的人，如果被抓到，根据规则要求表演节目或者其他的惩罚，如果被丢手绢的人没有发现，而丢手绢的人跑完一圈并已到他身后的话，被丢手绢的孩子表演节目或受惩罚，并且成为下一轮丢手绢的人。

[thɛitɕen nɛːti] "踢毽子"

　　踢毽子是小女孩喜欢玩的传统游戏之一，主要比拼谁踢的数量多。

6-18◆大庄

[tʰɛloːɾ neː] "解绳子格"

女孩们常玩的游戏。用一根长绳结成绳套，一人用手指编成一种花样，另一人用手指接过绳套，翻成另一种花样，依次变换。每一种花样都有相应的接法，若某一方接错或进行不下去就算输。

6-21 ◆ 大庄

[tikineːtɕi neːti] "跳方格"

用树枝或粉笔在地上画出方格，然后在方格内来回跳跃的游戏。具体玩法是先把石子抛进第一格，然后依次跳过单双不一的方格，回来时将石子捡起来，如此反复，先完成所有方格内都抛进石子的人获胜，游戏过程中，石子不得越格、不得压线，否则判为失误。

6-22 ◆ 大庄

[ɕu:ltɕe ɕu:ltɕe] "荡秋千"

  民间传统娱乐活动，通常女孩子玩得多。制作时支起门架，架子上用两根粗绳吊起踏板即可做成秋千。荡秋千分为站式和坐式两种，站式荡秋千为双脚踏在板子上，双手握绳，两脚用力蹬板，前后摇摆；坐式荡秋千为坐在板子上，双脚用力蹬或借助他人的推力，使秋千荡起来。通常男孩子喜欢站式荡秋千，女孩子则喜欢坐式荡秋千。

6-23 ◆ 小庄

6-24 ◆小庄

[xori muʂki] "拧手指"

比拼手指和腕力的民间传统娱乐活动。拧手指的时候双方面对面就座，伸出手指将对方的手指（一般是中指）勾住，用力翻转，翻转压住对方手掌者获胜。该游戏不仅比试手指力量，而且还要考验技巧，比如手指的选择、勾手指的方式、伸手的位置都会影响发力效果。

[qɐr muʂki] "掰手腕"

比拼腕力和臂力的民间传统娱乐活动。掰手腕的姿势可采用站姿或坐姿，以裁判的口令为准开始比拼，率先掰倒对方就算获胜。

6-25 ◆小庄

[khutçi ʂte:] **"拔腰"**

比拼腰部力量的民间传统娱乐活动,是一种民间体育运动。比赛双方弓腰抱住对方的腰部,听到裁判指令后,两人使劲将对方拔离地面。拔腰与摔跤相似,但不能绊倒对方,必须借助力量拔起对方的身体,使其悬空摔倒才能获胜。

6-26 ◆小庄

6-29 ◆小庄

[smutɛ] "射箭"

　　射箭本来是古代打猎或作战时需要的技艺，随着时代变迁，慢慢地变成了一种竞技娱乐项目。过去，箭还是土族人的婚姻信物，如今的土族婚礼中还有专门的"持箭迎接"仪式（见图 7-18）。

6-27 ◆小庄

[thek thitɛ] **"拔棍"**

  比拼力量的游戏。双方面对面就座，将一根横木棍拿在中间，两人双手握紧木棍，双脚相蹬，听到指令后双方将木棍全力往后拉，率先将对方臀部拉离地面者获胜。该游戏竞技性很强，主要考验四肢协调能力和个人力量。

[ʋɐːlti] **"摔跤"**

  民间传统的娱乐活动，也是一项传统体育竞技项目。摔跤时，双方需交叉抓紧对方的腰带，利用上肢力量和脚法奋力将对方摔倒，率先让对方背部着地者获胜。

6-28 ◆小庄

互助土族语 ｜ 陆·日常活动

211

6-30 ◆ 大庄

[utoktɐ] "斗鸡"

　　男孩爱玩的娱乐活动，分为两人对决、多人对决和分组对决。在规定范围内，单腿站立，双手抓住另一只脚的脚腕，比赛开始后，用膝盖顶撞对方，率先双脚落地或顶出规定范围即为淘汰。

[koʅɛːn ko] "三个字"

　　参加游戏的人员至少三人，先选出一人扮"鬼"，其他人在规定空间里躲闪"鬼"的抓捕，如果"鬼"来了，必须说三个字的词语，说出后不能再动，等到其他人触碰后才能解禁。如果在一定时间内"鬼"顺利将所有人逼着说出三个字词语，则"鬼"获胜，如果在游戏过程中被"鬼"抓到，那么"鬼"的身份就会转移。

6-33 ◆ 大庄

[kɛɾ phosilqɐtɕi nɐːthi]"过家家"

　　儿童角色扮演游戏。即几个伙伴分别扮演家庭的不同成员，比如"哥哥""姐姐""弟弟""妹妹"等，利用简单的道具模仿日常家庭活动，比如做饭、盖房子等。

6-32 ◆大庄

[theːtɕi nɐːthi]"石头剪刀布"

　　最简单的猜拳游戏。其规则为石头砸剪刀，剪刀铰布，布包石头。石头、剪刀、布相互制约，不论平局多少次总能分出胜负，也成了其他游戏的辅助规则。通过石头剪刀布，规定先后顺序是最常见的游戏规则。

6-31 ◆大庄

6-35 ◆大庄

[tɕhuletɕi nɛːti] "钻狗洞"

两两双手紧握筑成人体墙洞，其他孩子互相追逐，穿过墙洞，碰上墙体或者被后面的人追赶上则被淘汰。如果人多，可以筑成多个墙洞，规定绕行路线和圈数，增加游戏难度。

[səpɜu nɛːti] "丢沙包"

先规定双方活动范围，丢沙包的人不得越线击打，否则无效，比赛开始后，丢沙包的人站在两端，其余的人在中间躲闪，如果中间的人被击中，便要淘汰出局，直到最后一个人被击中淘汰为止，如果中间的人抓住沙包，可以复活已淘汰的一个队友。

6-34 ◆大庄

[guli ɕuːltɕe] "轮子秋"

轮子秋源于农耕生活，传统的轮子秋是人们在秋收碾场后，在平整宽阔的麦场上把大板车的车轮连轴竖起稳定后，在朝上的车轮一端绑上长木梯，梯子两端系牢皮绳或麻绳，挽成绳圈，便造出一架轮子秋。随着时代发展和变迁，轮子秋历经多次改进，变成了一种艺术表演器材，经过改装的新式轮子秋中，铁质底板、飞轮滚轴和铁链取代了木板、木梯和皮绳，加以五彩布条和彩穗装饰。表演时，伴随着音乐，表演者坐（或站）在绳圈内，由专人推动，使之快速地转起来。转动时表演者们会做出"寒鹊探梅""金鸡独立""猛虎下山""海底捞月"等高难度专业动作，博得观众喝彩。轮子秋表演极具观赏性，表演时外围还会有一群身着民族服装的青年男女绕着轮子秋转起安召舞，载歌载舞。如今，轮子秋已被列入国家级非物质文化遗产名录，成为土族文化的代表性遗产。

6-36 ◆ 小庄

6-37 ◆ 小庄

[keŋri] "面具"

表演宗教舞蹈和民间舞蹈时的辅助器具。面具形式多样，有法王面具、护法神面具以及狮、鹰、鹿、乌鸦等动物造型面具。这些面具对应舞蹈表演中的不同角色，其中最具代表性的当属欠木舞面具（图6-38）和纳顿节傩舞面具。面具外观粗犷夸张，令人恐惧又震撼。

6-38 ◆小庄

[po: ne:ti] "萨满舞"

土族传统舞蹈之一。源于原始萨满教，土族萨满在土族语中称为"博"，他们所跳的萨满舞以祈福、禳灾、颂神、祭祖为主要内容。萨满舞通常由感动神灵、神灵附体、神魔冲突、获得拯救、送神归位以及狂欢等几个仪式化的动作组成，具有万物有灵和图腾崇拜的内涵。现在已成为一种表演项目。

6-39 ◆小庄

[pɛs nɛːti] "於菟舞"

　　於菟舞亦称老虎舞,是土族传统舞蹈之一,土族语称为"巴斯纳顿","巴斯"意为"老虎",是村庄保护神,"纳顿"含有娱乐之意。於菟舞源自土族民间传统驱瘟活动,互助土族村庄每年冬季都有驱瘟活动,因此有些村庄每年正月举行"巴斯纳顿"。通常在晚上进行,人们装扮成"老虎"挨门逐户驱逐瘟疫,现在已成为一种表演项目。

6-40 ◆小庄

[ɐntɕɜu] "安召舞"

集词、曲、舞为一体的集体圆舞形式的舞蹈。土族民间舞蹈中最具代表性的舞蹈,广泛流传于各个土族聚居区。起舞时,由领舞者和伴舞者组成一个圆圈,按顺时针方向,由领舞者唱出歌词内容,伴舞者和以衬词,边唱边舞,直至一曲结束。安召舞曲调高亢嘹亮,男性舞姿粗犷豪放,女性舞姿柔美轻盈,加上色彩斑斓的土族服饰,犹如无数的彩虹转动,绚丽夺目。在互助地区,逢年过节、传统民俗节日等重大活动以及婚嫁礼仪中必跳安召舞,增添节日欢乐的气氛。

[tɕhem] "欠木舞"

以演述佛教故事为内容的宗教面具舞。人物繁多，形态各异，分"大欠木"（主要神祇）和"小欠木"（泛指侍从的鸟、兽等）两大部分。有独舞、双人舞、多人舞、群舞，亦可穿插即兴表演。欠木舞主要在宗教法会中跳，个别民间祭祀活动上也会跳欠木舞，现在已成为一种表演项目。

6-41 ◆ 大庄

6-42 ◆ 小庄

三 信奉

6-43 ◆索卜沟

[niːtek seŋ] "守护神"

守护神本名"格日勒图"。供奉在互助县佑宁寺、曼头寺等寺院和村庄庙宇中,据《佑宁寺志》记载和民间传说,守护神格日勒图为成吉思汗部将,当年率领部属来到此地,守护当地民众数百年,深受土族群众的敬畏和崇拜。

[tsɜuje neinei] "灶神娘娘"

在土族地区,"灶神娘娘"被认为是一家之主,也是家中火种的守护者,牌位设在厨房高处。在当地民间习俗中,严禁在灶火中燃烧不洁之物,如蒜皮、猪粪、头发、塑料等,更不能往灶火中吐唾沫、吐痰,这是土族火崇拜的一种表现。

6-44 ◆大庄

6-45 ◆索卜滩

[ʂtoŋkɛn] "神树"

敬奉年代久远的老树是当地传统习俗,这种树被视作"神树"。在吉祥的月份或日子里,人们会给"神树"献上哈达和祭祀品,祈祷风调雨顺,人畜平安。这体现了土族敬畏大自然、敬畏生命,与自然万物和谐相处的观念。

[lɛxoŋ] "庙"

供奉村庄守护神的地方。互助县大多数土族村庄都有村庙,村庙没有固定的职业宗教人员,由本村庙管主持工作,各宗族头人协助,在固定时间和地点举行佛事活动,处理村里的宗教事务,为供奉的本村保护神上香、供灯、煨桑,祈祷护佑五谷丰登、六畜兴旺。

6-46 ◆大庄

6-48 ◆ 五十镇

[toqoŋ] "经堂"

供奉佛像，喇嘛集体念经、修行和举行佛事活动的地方。分为大经堂和小经堂，大经堂为显宗学院，小经堂为密宗学院。每个经堂喇嘛人数不等，除主供佛祖神像以外，所供奉的佛像也略有不同。

[smen] "寺"

规模比较大的宗教活动场所，供奉神佛，有专门的宗教职业人员。互助县大大小小的寺院有13座，其中佑宁寺规模最大，喇嘛人数最多，被称为"湟北诸寺之母"。每逢过年过节或宗教节日活动，人们都到佑宁寺朝拜。

6-47 ◆ 五十镇

[tɛrtɕok] "玛尼杆"

　　安插在大门前或院中花坛正中间的杆子。有寺院玛尼杆和民间玛尼杆（图6-49），寺院玛尼杆上面挂满五颜六色的经旗，经旗上印有佛教神灵图像和经文，民间玛尼杆经旗比较简单，多以白色的布条为主，也有红色或蓝色的，通常在其底下建造一座煨桑炉，祭祀时，将旧的经旗取下，换成新经旗，然后点香煨桑，祈求人畜平安。

6-49 ◆ 大庄

[tɛrtɕhok thɛikə] "祭祀台"

　　举行大型祭祀活动的场所。台子通常建得较高大，中间立玛尼杆，挂有五彩经旗，前面设有煨桑炉，做祭祀活动时焚香煨桑，诵经祈福，跪拜神灵，祭奠祖先。

6-50 ◆ 小庄

6-51 ◆五十镇

[tɕhuːrten] "塔"

　　供奉舍利、经卷和法物的建筑物，表层涂抹白灰，俗称"白塔"，但也有金黄色的。层数为单数，如七层、九层、十三层等。"塔"通常建在寺院或者山上，重要节日、宗教节日和吉祥日子里，人们会转佛塔祈福。

[pinkhəŋ] "万佛亭"

　　最初是人们休息、休闲的凉亭，慢慢地加入宗教因素，成为敬奉神佛的亭子。亭前设有煨桑炉，以便人们上香煨桑。闲暇时，老人们口诵佛号，绕亭子顺时针转圈，祈祷神佛保佑平安，祈求人们万事如意。

6-52 ◆大庄

6-56 ◆五十镇

[lɛmɛr]"佛灯"

佛教的一种"火供"形式，以酥油为燃料，点在神佛前，又叫"酥油灯"。土族人在寺院举行佛事活动或者超度亡灵时，都要点燃酥油灯，有点"百灯""千灯"的习俗。用灯火传达无限的虔诚和祈祷。

6-53 ◆五十镇

[ʁtompin]"万石堆"

起初，人们在道路旁或者分界处堆积石头作为路标或界标，这一习俗与佛教文化相结合，逐渐成为供奉土地山神的栖所。石堆上挂满哈达、经幡，过往信徒都会停下脚步，添加石块，祭祀神灵。

[kɛŋkɛrɛːʋɛ]"神龛"

供奉神像的木制小阁。神龛的规格根据所供神像的大小和数量而定，通常有底座，将神像供奉在里头，前面点灯上香，顶礼膜拜。

[stsɛŋtɕhi]"煨桑炉"

煨桑的炉子。土族地区所有寺庙和农户家里都建有煨桑炉，寺院的煨桑炉体积较大，民间煨桑炉体积较小且简陋，宗教信徒每天清晨在炉内点燃柏树枝和香草，用桑烟熏除污秽之气。

6-54 ◆五十镇

6-55 ◆小庄

互助土族语 陆·日常活动

225

6-58 ◆大庄

[poː] "萨满"

萨满教曾广泛流传于中国北方的少数民族当中。互助地区每年举行的民俗活动"博纳顿"就是萨满遗风。萨满教和萨满巫师在土族语中叫"博"。现在意义上的"博"实为集萨满教、佛教、道教于一身。"博"是普通的农民，在举行"博纳顿"的时候，就头戴五神冠，身穿黑法衣，上套四面开衩的无袖花法衣，腰系大红腰带，手拿单面羊皮鼓，击鼓跳舞进行酬神祭祖活动。（见图6-39"萨满舞"）。

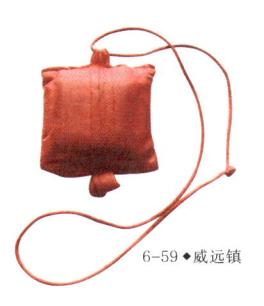

6-59 ◆威远镇

[siŋkhor] "护身符"

随身佩戴祈求得到神佛保佑平安，禳灾免祸之物。护身符有不同的希冀种类，有驱邪避灾的，有驱瘟祛病的，有求儿求女的，也有延年益寿的。

6-61 ◆大庄

[mene] "佛珠"

本来是一种计数器，后来被佛教徒广泛使用，成为佛教信徒诵经念佛时的随身法器之一。用菩提子制成的佛珠最常用，而用"七宝"制成的佛珠最为珍贵。佛教信徒随身佩戴佛珠，一是表达对佛祖的虔诚，二是用来记录念诵佛经和佛号的数字。

[lɛxoŋ ɐte] "庙管"

村庙的管理者，由村庄各宗族代表组成的村庙管理委员会推选一位德高望重者担任，负责村庄宗教事务，组织开展村庄的宗教活动。这是土族地区村庙的一种传统管理模式。图中为大庄村广福寺庙管。

6-60 ◆ 大庄

[mɐne muɕi] "念佛"

佛教信徒念诵佛号的行为。老人或虔诚的佛教信徒在闲暇之时会数着念珠或转动玛尼经筒，口诵"六字真言"等佛号，他们闭目念诵，排除杂念，神情专注，身心合一。念佛除了表达虔诚的信仰之外，还能起到养身养心的作用。念佛可以随时随地，不受任何限制，但坐姿要正，走姿要稳。

6-57 ◆ 寺滩村

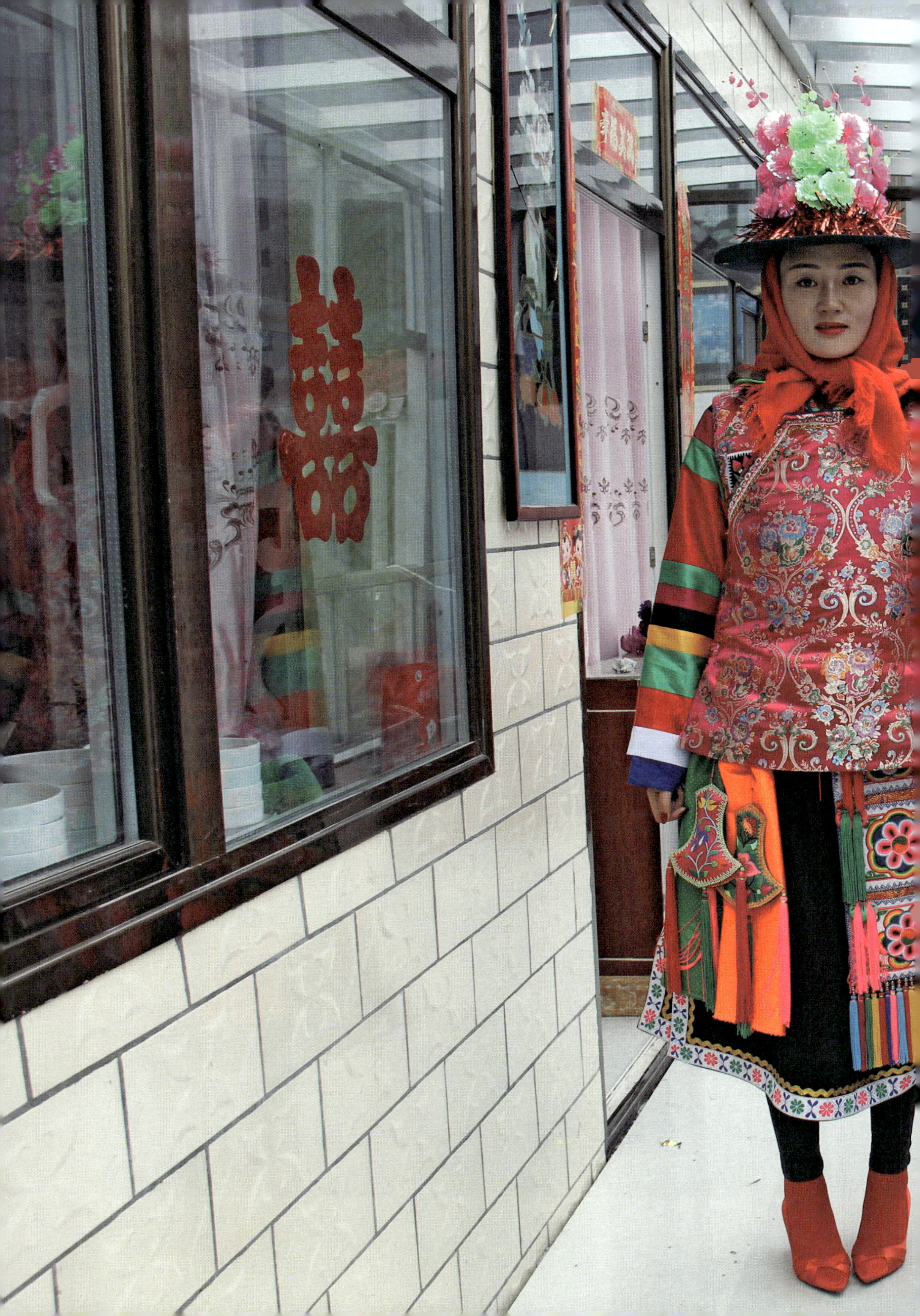
囍

柒·婚育丧葬

土族传统婚育丧葬礼仪较为复杂，随着社会的发展，很多内容已经简化或大众化，但其核心内容一直保留和传承至今。

婚嫁礼仪作为人生礼仪当中内容最丰富、形式最多样的礼仪，集中体现了土族人的价值观念和思维方式。土族人对婚嫁之事十分重视，他们认为婚姻不只是个人的事情，更是关乎家庭甚至是整个家族的重要事情。过去，儿女都会遵从父母之命选择成婚对象，绝不会违背父母意愿，但现在随着时代的发展和社会的进步，父母越来越多听取儿女的意见，赞同儿女自己做主的婚姻形式，但是，同宗不婚这一传统一直延续至今。

传统的土族婚礼分为定亲、妆箱、婚礼、回门等四大部分，整个过程在欢声笑语、载歌载舞中进行，包括唱婚礼曲、宴席曲、唐德尔格玛（问答歌）、跳安召舞等。整体来说，土族婚礼就好似一部优美的歌舞剧，是他们现实生活的一次缩影，通过婚礼体现出了土族人热情奔放、能歌善舞、自然淳朴的特点。

生育礼仪主要包括求子、接生、忌门、坐月子、满月、剃发、抓周等习俗。如当一对已婚夫妇晚育时，会到村庙或附近的寺院转经磕头祈求神佛赐予子女，有的到"度母佛殿"许愿求子或在家中念"度母经"求子，或在清明节时向祖宗跪拜祈求赐予子女。当产妇生下孩子，丈夫便会在第二天前往岳父岳母家中报喜磕头，以感谢能把女儿许配于他，从而完成了传宗接代的使命。为向外表明家中有喜，土族人会在大门上插柏树枝或贴一条红布，这便是忌门之礼。

丧葬礼仪是土族民俗的重要组成部分，主要丧葬方式有火葬和土葬，此外要对寺院的活佛及高僧进行塔葬，对婴幼儿进行野葬。土族丧葬礼仪内容包括入殓、做法事、守灵、葬礼、出殡、火化、捡骨灰、立坟墓等，其中最具有民族特色的习俗体现在以下几个方面：出殡日期方面，人们去世之后一般都在三、五或七天内出殡；入殓的棺材方面，当地入殓时用的棺材叫作"灵轿"，遗体要以蹲坐姿势放入灵轿中，火化时拆灵轿与遗体一同火化；骨灰下葬方面，火化的骨灰通常不会当年下葬，而是先将骨灰盒埋入临时选择的地方，待到来年清明节时才会迁入墓地下葬。

一、婚事

7-1 ◆北庄

[loŋxo ɕtɕilqɐ] "说媒"

过去，婚姻大事由父母做主，当男方家父母看中某家姑娘时，便征求儿子的意见，如果儿子同意，就专门请媒人去说媒。媒人去女方家时要拿上哈达、馍馍和系上红布条的酒，酒礼十分重要，如果女方家同意这门亲事，就将媒人拿去的酒喝完，然后在酒瓶里装满五谷粮食，返赠一叠馍馍叫媒人带回，如果不同意，就将酒和馍馍原封不动地退回。这一传统礼仪一直延续至今。

[xɐtɐ] "聘礼"

男方家婚前送给女方家的礼品。过去，主要以牛、马、羊等牲畜当作聘礼，现在，多以布匹、金银首饰和现金当作聘礼。土族赠送聘礼时讲究"成双成对、六六大顺"，如：布匹要赠十六匹或十八匹，现金要予六万六千六百六十六元等等。

7-4 ◆北庄

[ʋɐrʋə] "媒人"

婚嫁过程中牵线搭桥的人。从提亲到婚礼结束,媒人在男女双方之间承担联络、传达、协调的任务。土族婚礼中,媒人由40多岁的男性担任。土族对媒人十分敬重,他们认为一段婚姻如果没有媒人的相助就不够圆满,虽然媒人不图回报,但男女双方都会向媒人赠送礼品,以表达感激之情,比如男方婚礼当天就有专门的谢媒仪式。

7-2 ◆索卜滩

[tɕɐrtɕoŋ uː] "喝定亲酒"

订婚。当男女双方同意婚事后,男方家要去寺庙择定订婚的日子。订婚之日,女方家设宴款待媒人和男方家的客人,两家共同商定婚礼日期和彩礼事宜,男方家人回去后也要召集家族亲戚汇报定亲的经过,并确认这门亲事。只有双方喝过定亲酒,这门婚事才算真正定下。

7-3 ◆北庄

7-5 ◆索卜滩

[pɐisoŋ] "陪嫁"

女方家给出嫁的女儿准备的礼品。土族传统婚礼中,牛、马、羊等牲畜是常用的陪嫁,但现在被家具、衣物、首饰等物品所替代。如果家庭条件富裕,电器、汽车、楼房等重礼也可作为陪嫁送给女儿。

[nɛːɕtɕin] "纳什金"

男方家派去女方家迎娶新娘的使者。通常两人组成,牵一只白色的母羊,带上娶亲的礼物和新娘穿戴的服饰,与新郎一同前往女方家娶亲,由于土族婚礼中专门有戏谑纳什金的环节,所以一般由能歌善舞、能说会道的人担任。通常有"迎接纳什金""戏谑纳什金"等活动。

7-6 ◆索卜滩

7-7 ◆索卜滩

[nɛːɕtɕin tsɛile] "迎接纳什金"

　　纳什金通常在婚礼当天的傍晚，稍早于娶亲队伍到达女方家，由男方家的人们在大门口敬酒迎接，阿姑们则从大门顶上向纳什金泼水，以示吉祥。

[theŋtirkimeː tʒule] "对唱唐德尔格玛"

　　当纳什金来到大门外时，女方家的阿姑们从里面堵住大门，并与纳什金对唱问答歌"唐德尔格玛"，以此来考验其才能，直到纳什金的回答令阿姑们满意后方可进入大院。

7-8 ◆索卜滩

[eːku uleː]"哭嫁"

新娘出嫁时哭诉。过去,由于交通不便,远嫁的女儿几个月甚至几年后才能回娘家,所以出嫁前新娘会和父母亲人们哭诉离别之情,依依不舍地与亲人们道别。道别时新娘用两行热泪、满腔话语感谢父母的养育之恩,表达对亲友、家乡的依恋。哭嫁时的说辞,有固定的内容和形式,通常在婚礼之前由新娘的母亲、姨母、嫂嫂等人传授。

7-10◆索卜滩

[nɐːçtɕin skoː]"戏谑纳什金"

纳什金进门后,女方家会设宴款待男方家的接亲队伍,临近宴席的包子茶结束时,阿姑们开始唱起戏谑纳什金的歌,用嬉闹的方式嘲讽纳什金,纳什金也即兴对唱,并与大家一起跳起安召舞,直到尽兴为止。

7-9◆索卜滩

7-11◆索卜滩

[stsu vɐri] "改发"

出嫁前改变新娘发型的仪式。必须在鸡叫头遍时举行，由新郎解开系在新娘辫子上的红头绳，用梳子将自己的头发倒梳三下，再将新娘的头发顺梳三下，寓意新郎新娘从此喜结连理，命运与共。这时，纳什金在闺房门外唱起"改发伊姐"歌，然后由新娘的嫂子们将新娘的姑娘发型改成已婚妇女发型，意味着新娘从未婚姑娘成为已婚妇女。过去改发仪式到婆家后举行，但现在为了简便，通常在新娘启程前在娘家举行。

[teːl mosi] "新娘装扮仪式"

新娘装扮仪式是整个婚礼进程中一项重要环节。改发仪式结束后，由嫂子们给新娘穿戴纳什金带过来的服饰，包括插花礼帽、花袖嫁衣、上马长袍、上马裙子、上马鞠鞋、达博腰带、绸缎腰带、钱褡子和荷包等，并盖上盖头。

7-12◆索卜滩

7-13 ◆索卜滩

[lon tho:lɐ] "罗木托罗"

  新娘启程前与娘家告别的仪式。过去，该仪式较为烦琐，待新娘穿上嫁衣装扮好来到堂屋时，堂屋柜上点一盏酥油灯，依次摆放经卷、粮食、茯茶、红筷子、牛奶、柏香和白羊毛，新娘面朝门外，其母亲面朝堂屋柜，背靠背坐在白毡或红毡上，纳什金在院中唱起"罗木托罗伊姐"歌，纳什金唱到什么，由一位年长的妇女拿起相应的物品在新娘头上转一圈。现在，该仪式简化了许多，在院内花园前铺一张毡子，新娘跪在毡子上向父母磕头道别即可。

[fuɾe: tɜutɐ] "叫忽热"

  新娘父亲为新娘招福的仪式。当新娘启程时，父亲或哥哥手拿"福禄杆子"（见图7-17）一边在新娘头上挥舞，一边唤新娘的名字，当新娘回应后，父亲返回堂屋，然后再次出来唤新娘名字，如此反复三次，寓意女儿今后生活美满，健康快乐。

7-14 ◆索卜滩

[çtçun khurke:]"送亲"

7-16◆索卜滩

送亲队伍由新娘的舅舅、家族代表、亲戚代表和村庄代表组成，新娘的父母不参与送亲，首席由新娘的舅舅担任，姐姐或嫂子担任伴娘。过去，姐夫负责看管陪嫁箱子，弟兄负责牵新娘的马，娘家的一个小孩与新娘陪骑，现在大部分仪式简化，大家一起坐车前往男方家。

[khurke:n konteile]"新郎冠戴"

女方家装扮新郎的仪式。仪式在女方家堂屋或庭院中央举行，地上铺好白毡或红毡，上面放置一张桌子，将提前准备好的馍馍、牛奶、粮食、酥油、白羊毛、柏枝和女方家为新郎准备的服饰和哈达放在桌上。仪式开始后，新郎与一位兄弟各自用双手端好放有粮食、红枣和硬币的酒杯站在白毡上，待女方家的司仪手拿酒杯高诵赞词时，新郎要逐一穿戴赞词中出现的服饰。

7-15◆索卜滩

7-17 ◆索卜滩

[jeŋtɛr] "福禄杆子"

招福的杆子。将缝制嫁衣时所剩的布条、女儿的一缕头发以及一条哈达系在一根木杆上做成。新娘启程时父亲或哥哥拿着它"叫忽热",为女儿祈福,待女儿出嫁后将其永久留存于家中。

[smu thusqu] "持箭迎接"

男方家迎接送亲队伍的第一项仪式。过去,迎亲仪式分为"持箭迎接""牵羊迎接"和"敬酒迎接",其中"持箭迎接"为第一项迎亲仪式,当送亲队伍离男方家三里路时,男方家派两人持箭(女方家给的定亲物)迎接;第二项迎接仪式是"牵羊迎接",当送亲队伍距男方家二里路时,男方家准备酒肉派人前去迎接,就地铺毡简单宴请送亲队伍,缓解远行的疲劳;第三项迎接仪式即家门口的敬酒迎接。现在,"持箭迎接"和"牵羊迎接"合并为一项进行,即在门前放置一张炕桌,上面摆放一个装满麸子或粮食,插有一支系着哈达的箭杆的方斗和红布包裹的婚瓶,再摆放希弥尔(迎贵客礼品)、放有柏树枝的牛奶和一碟馍馍迎接送亲队伍。

7-18 ◆索卜滩

7-19 ◆索卜滩

[tirɛːsi thusqu] "敬酒迎接"

男方家迎接送亲队伍的第三项仪式。当送亲队伍来到男方家门口时，男方父母和亲戚们手拿哈达和美酒迎接，首先给新娘的舅舅献哈达和敬酒，然后逐一献给其他送亲人员。

[ɐntɕʒu xɐrki] "转安召"

转安召舞是迎亲时必不可少的环节，当送亲队伍到达门口时，男方家的司仪领着男女老少围着炕桌边唱边跳起欢快的安召舞，营造婚礼的欢乐气氛，并用柏树枝向众人泼洒牛奶，以示吉祥。

7-20 ◆北庄

[nəqei] "舅舅"

新娘的舅舅是送亲队伍的首席，是男方婚宴的上宾，对婚礼仪式有着重要影响，被男方视为最尊贵的客人。

7-21 ◆索卜滩

[tholqui murku] "拜堂"

新郎和新娘共同向各神灵跪拜的仪式。院中点燃圣火，铺上毡子，新郎新娘站在上面，这时男方家司仪肩搭哈达，手拿酒盅，高诵祝词，一对新人首先给永恒的苍天、至尊的神佛和英明的汗王叩首，其次给村庄的保护神和家庭守护神叩首，最后给男方家的长辈们叩首。新人每叩首一次，媒人就要向上苍和圣火祭酒。

7-22 ◆索卜滩

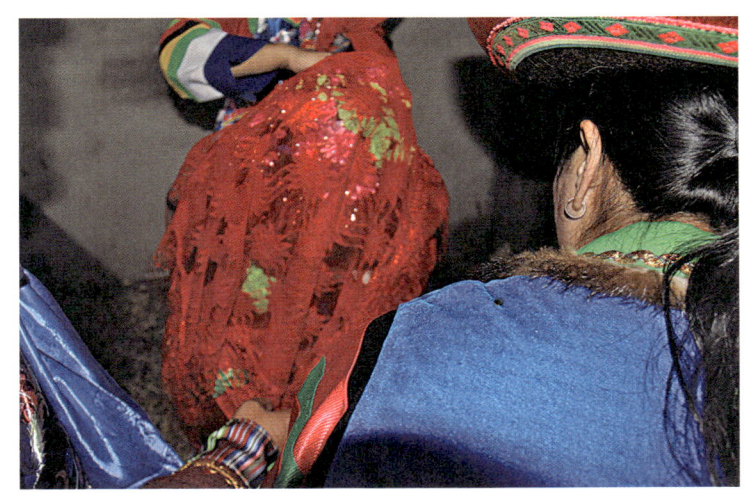

7-23◆索卜滩

[ɐmɐ neː]"开口"

拜堂仪式结束后举行开口仪式，开口仪式在厨房内举行。婆婆手拿缠着红线的擀面杖在新娘嘴上反复滚动三次并嘱咐道："外面的话不要往家中说，家内事不要往外传，勤当家，细盘算，心往一处想，劲往一处使。夫妻和睦，孝敬父母，任劳任怨，创造幸福。"

[funɛ tɕɐlpəː]"传宗接代"

开口仪式结束后，在灶神牌位前点亮双芯神灯，准备一碗奶茶，新娘将奶茶反复含吐三次之后，由新郎将其倒入烟囱中，寓意新娘将在此家传宗接代，接续烟火。

7-24◆索卜滩

互助土族语　柒·婚育丧葬

243

7-25 ◆索卜滩

[vɐrvɐ ɕimɐrlə] "谢媒"

答谢媒人的仪式。在屋前的平台上放一张方桌，双方边唱赞媒曲边在桌子上压钱币，女方压桌子的中央和一个角，男方压另外三个角，所压钱币都归媒人，如此反复三次，每进行一次，都要在媒人的额头上抹酥油，并敬酒、献炒面。

[furoːsɐn pulei] "婚瓶"

内装钱币、粮食、酥油、柏香和一双红筷子，外裹红布的瓶子。迎亲时，男方家在门前放置一张炕桌，上面放一装满麸子、插有箭杆的方斗和婚瓶，等新娘下马之后将婚瓶夹在左腋下，由新郎搀扶着进入大门，寓意新郎新娘儿女双全、幸福美满。

7-26 ◆小庄

[çɜusɜuti: te:l] "新娘花袖衣"

女子在成婚时穿着的服装。衣袖由红、绿、粉红、黑、黄五种颜色组成，通常较宽的红色部分居上臂中部，两边依次为绿、粉红、黑、黄四色，分别在肩部和肘部关节处，袖口为白色或蓝色。整件花袖衣鲜艳整洁，美观大方。

7-29 ◆索卜滩

[çini pe:ri] "新娘"

土族婚礼中新娘身着盛装，主要服饰和配饰有上马花袖长袍、上马裙子、上马勒鞋、插花礼帽、达博腰带和绸缎腰带，佩戴钱褡子和荷包。

[çini khurken] "新郎"

土族婚礼中新郎一般身着长袍，头戴毡帽，颈挂新婚哈达，腰系新郎大红腰带。

7-27 ◆索卜滩

7-28 ◆索卜滩

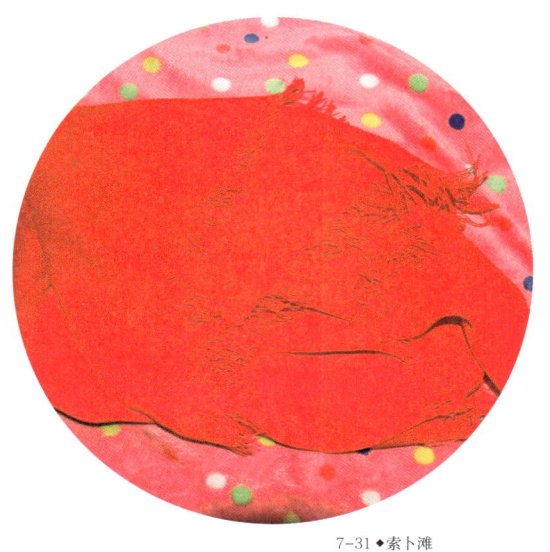

7-31◆索卜滩

[pɜuthɜu]"盖头"

盖住新娘面部的一块红布或红色头巾，象征着红火喜庆。新娘启程前往男方家时戴上，到男方家进入新房后便可摘下。

7-30◆索卜滩

[kuɐtsi]"新娘褂子"

女子成婚时必穿的服装之一。褂子的颜色多种多样，但在婚礼中一般穿红色的褂子。

[vɛːrɐqɕhi]"伴娘"

由新娘的姐姐或嫂子担任伴娘。伴娘从出嫁到婚礼结束一直陪伴新娘，并协助完成各项仪式。

7-32◆索卜滩

7-33 ◆索卜滩

[temtɕen]"司仪"

　　主持婚礼各个环节的主事之人，由中年男性担任，承担着主持各种仪式、招待宾客的任务。

[ɕini keɾ]"新房"

　　新房的布置以红色为主调，体现喜庆的气氛。婚礼当天新房内只允许女性、新郎出入，禁止其他男性进入。

7-34 ◆索卜滩

7-35 ◆索卜滩

[xorimtɕhini xorim] **"喜客宴席"**

  传统婚礼中，宴席摆在院子里，用炕桌摆成一个大的马蹄铁型的圈子，圈子中央点上火堆，用来加热茶酒。新娘的舅父坐在圈子顶端的首席位置，众喜客依次坐向两边，桌子上摆放各种馍馍、糖果和点心。喜客们入座后，依次端上四道饭，头道茶饭为炒菜和奶茶，第二道饭为包子，第三道饭为全羊，通常把最尊贵的部分敬给首席，之后众人用刀分割品尝，最后一道饭是"长面"，有天长地久，常来常往的寓意。

[lortɕi kule] **"致辞"**

  婚礼上，由男方家的长辈手捧哈达、端着酒杯，向众喜客致辞。说明两家婚姻的经过，对尊贵宾客的光临表示感谢并敬酒致意，献上礼物。

7-36 ◆索卜滩

7-37◆索卜滩

[ɕini khun tirɛːsi utɕe] "新人敬酒"

新人敬酒是男方婚礼中必不可少的环节。新人须从贵宾桌开始向尊贵的宾客们一一敬酒，表示感谢，新人也会受到诸位宾客及亲朋好友的祝福。

[khetek thiː] "献哈达"

新人敬酒完毕后，男方家的长辈要向女方家长辈以及前来参加婚礼的喜客献哈达，女方家也向男方家的长辈送上哈达，以此来表达两家联姻圆满幸福。

7-38◆索卜滩

7-40◆索卜滩

[xorimtɕhi khurke:] "送喜客"

　　酒席结束时，男方家为送亲队伍端上"启程面"，吃完面，男方家的小伙子们在大门前唱起启程的"海杰"歌，向送亲队伍敬酒送行。过去，喜客们在大门前驰马往返三次，喝上马酒，男方家还会送几瓶酒，以便客人们在路上尽情畅饮，欢喜而归。

[xorimtɕhi] "喜客"

　　喜客专指女方送亲队伍，由新娘的舅舅、家族代表、亲戚代表、邻里乡亲代表组成。

7-39◆索卜滩

250

二 生育

7-41◆大庄

[tɕolmɛ muʂi] "念度母经"

　　当一对夫妇晚育时，就会到村庙或寺院的"度母佛殿"跪拜求子，或者邀请喇嘛在家中念"度母经"。土族人认为度母菩萨（当地称"度母佛"）是有求必应的，有的夫妇还会祈求活佛赐予"度母"护身符求子。

[te tɕilɛː] "忌门"

　　产妇坐月子期间，家主在大门上贴红纸或插柏树枝表明"此户人家媳妇正在坐月子"，以防外人进入家中，冲撞新生儿。

互助土族语　柒·婚育丧葬

7-42◆大庄

251

7-43 ◆小庄

[thuroŋ thoːrtsok] **"周岁"**

　　土族人十分注重孩子一周岁的生日,会举行抓周仪式。仪式开始前在院中煨桑,佛龛前点酥油灯,母亲抱着孩子向神佛磕头祷告,之后再举行抓周仪式。仪式具体内容为:将放满各种物品的木盘端到小孩面前,让其任意抓取。如抓到笔,预示着孩子以后成为读书人;如抓到馍馍,预示着孩子以后成为种庄稼的好手;如抓到牧羊鞭,预示着孩子未来成为优秀的牧人。

[stsu ɐuɑ] **"剃发"**

　　抓周结束之后进行剃发仪式。剃发时通常把剪下来的头发揉成一个小团,将两面用铜钱固定后缝在婴儿衣服背面,也有的人家把头发丢入烟囱中。

7-44 ◆小庄

三丧葬

7-45 ◆大庄

[rtoŋ] "灵轿"

　　灵轿是土族葬礼中的坐棺。灵轿制作精美,悬梁吊柱,有"一间转三"式和"二层楼"式等多种样式,上面雕有图案,顶端刻有日月模型,用橘黄色的油漆粉刷表面,入殓后,安放在正房堂屋里,孝子们昼夜跪守。

253

7-46 ◆大庄

[rtoŋ khutu] "灵堂"

　　放置灵轿的屋子。灵堂一般设在正房堂屋，其正中摆放灵轿，后方高处点酥油神灯，前面放置一方桌，上面供放馒头、油煎饼以及水果等祭奠品，并点燃一盏长明灯。方桌前还需放置两个盆子，一个里面烧纸，另一个里面放祭奠食物（不放盐）。

7-48 ◆大庄

[skoti] "守灵"

　　对逝者的尽孝之礼。守灵期间，男孝子脱去帽子，穿上白褐衫或素色长衣服，腰带一端系上一小节细麻绳，女孝子则去掉衣帽上的花边及花袖。这期间，孝子们不吃荤，不饮酒，不洗脸梳头，不刮胡须，不开玩笑，不大声喧哗，默念"六字真言"，跪或坐在草铺上，昼夜轮番守灵。

7-49 ◆大庄

[xkuʑim moçi] "做法事"

　　在举行葬礼时，一般家庭邀请喇嘛念经至出殡日，或请村里的老人念"六字真言"并对逝者追思悼念。家庭条件好的人家还要在火化时举行火祭仪式。

7-47 ◆大庄

[rke:]"葬礼"

土族的葬礼在出殡的前一天举行。一般要请喇嘛念经至出殡日，超度亡灵。葬礼当天，亲朋好友前来献哈达、馒头（十二个）、油煎饼（十二张）和烧纸吊唁，丧主家用馍馍茶、油包子茶、酥油炒面茶、旗子面_{菱形面片}或米饭等四道茶招待前来吊唁的人，每吃完一道茶，孝子们都要叩头致谢，当端上油包子茶后，要把舅舅请到院中，众孝子排列跪在面前，丧官给舅舅献上哈达后禀报亡者的生平、病情、丧礼举办情况以及布施等事宜，丧官禀告完之后，如果舅舅对葬礼不满意，便会提出具体要求，舅舅言毕，还要到灵轿前祷告丧仪布施的所有事宜，众吊唁者吃完最后一道茶后，丧主家根据舅舅的要求施舍钱物，给每户回装两个馒头，叫"回盘"，孝子们还要跪送前来吊唁的人。

7-50 ◆大庄

7-53 ◆大庄

[khəŋɕi] "祭奠饼"

  以麦面为原材料，用胡麻油或菜籽油煎制而成的薄饼，是人们祭奠亡灵的重要祭品。葬礼当天，出嫁的女儿和宗族的侄媳妇们必须带上"祭奠饼"前来祭奠。

[khurke:tɕi qərqə] "出殡"

  土族丧葬习俗中，出殡日一般安排在去世后的第五、第七或第九天，由喇嘛卜卦算定。出殡时，众孝子将灵轿抬至火化场，家中妇女哭丧，送别逝者。

[xoni xqu] "牺牲祭品"

  举行丧礼的这一天，逝者的女婿和外甥等至亲要用羊肉作为牺牲祭品祭奠亡灵。

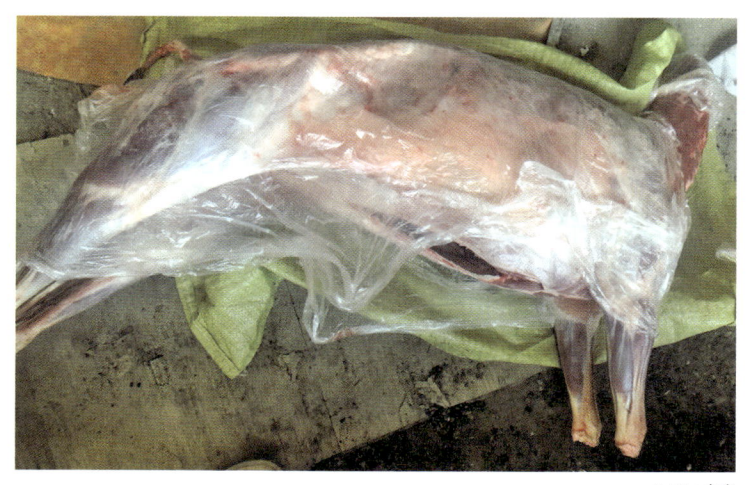

7-52 ◆大庄

7-54 ◆ 大庄

7-51 ◆ 大庄

[tʂu thi:] "哭丧"

　　哭丧是对逝者表达追思和悼念的重要方式。葬礼当天，前来吊唁的姑娘和外甥女必须哭丧；儿孙媳妇在迎接喇嘛、舅舅、姑娘、外甥女等时也一定要哭诉迎接，否则就会被视为不孝；火化时，女儿、儿孙媳妇们还要哭诉告别。

[khɛtɛk] "哈达"

　　献哈达是土族人的最高礼仪。土族人祭奠亡故的人时要献上一条哈达，以表达尊敬、追思、悼念之情。

[thɛp] "火化炉"

　　出殡的前一天下午，众孝子要在选好的地点搭建火化炉。火化炉是用土块砌成的圆形灶，腰部稍大，里面放置呈三角形的三个土墩，东面一个，西面两个，下面留四个添柴的小洞，东侧再留个豁口，将逝者的遗体面朝西放入火化炉后砌合。

7-55 ◆ 大庄

互助土族语　柒·婚育丧葬

257

7-56 ◆大庄

[ɕimerkɐ] "火化"

　　将遗体从灵轿中抬出放入火化炉，用拆下来的灵轿作为燃料进行火化，如果太阳出来了，一定要用毯子或其他能遮阳的物体盖住遗体，不能让阳光直接照射到遗体上。火化时，孝子还要给火化者送去茶、馍馍并叩头致谢。火化完毕归来，孝子们在大门前点燃火堆，跪迎火化者，火化者洗完脸跨过火堆进入家门。

[tɕinsirɐk stsuri] "火祭"

　　逝者如为老年人要举行火祭仪式。火祭时，喇嘛念诵超度经，往火化炉中浇酥油，投放五种白色粮食和直木棍子等，以祈祷亡灵能够找到光明的路径，此时，女人们还要哭诉告别。

7-57 ◆大庄

[jesi thuŋku]"捡骨灰"

通常火化当天下午或第三天待骨灰冷却后捡拾骨灰。由大孝子先用木筷子捡拾一些骨灰放到骨灰盒中，然后众孝子依次捡拾，直至捡满骨灰盒，剩余的骨灰和灰烬由大孝子背到高山顶上埋掉，也有人家将骨灰磨成粉后，放入红胶泥里做成小佛像供奉或送到寺院后山的岩洞中。捡骨灰时不能说话，不能用手捡，也不能将捡骨灰的筷子直接递到别人手中，而是放在地上，待别人自己拿。

7-58 ◆ 大庄

[fo:r xɛːtsi]"骨灰盒"

土族的骨灰盒比较小，约一尺长，五寸宽，一头大一头小呈棺材状。骨灰盒一般用柏木板制作，制作时要用木头钉子，禁用铁钉子，还有的直接用整块柏木挖成盒子状。

[fo:r xeŋɕerlə]"立坟墓"

在丧葬习俗中，墓地一般由喇嘛或者护法神选定，在认为风水比较好的地方，同一宗族拥有同一块墓地。埋葬骨灰盒时挖约0.5米深的坑，将骨灰盒宽的大头朝里埋入坑内，坟头堆积成高约一尺的土堆。

7-59 ◆ 大庄

7-60 ◆ 大庄

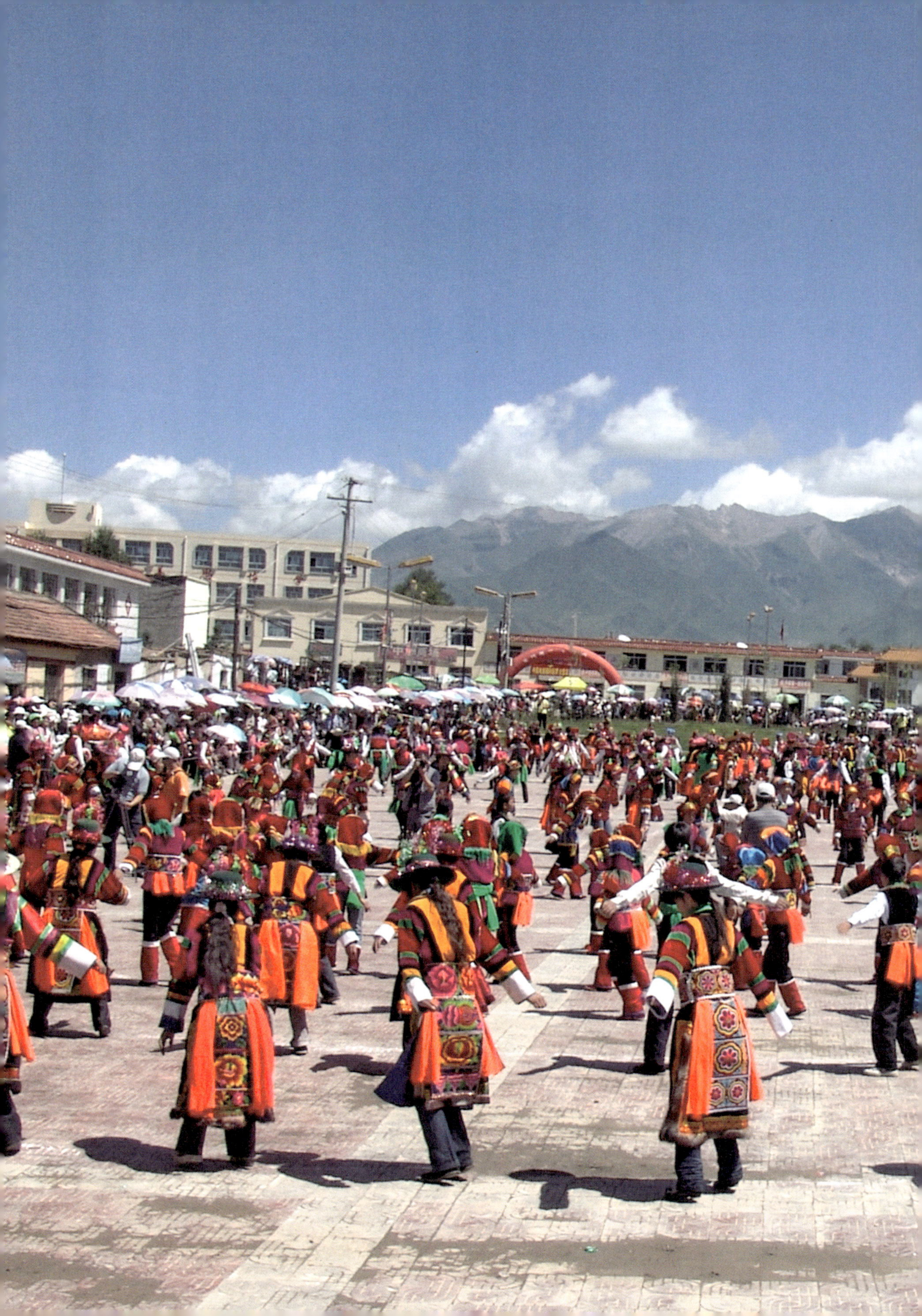

捌·节日

土族传统节日"希努萨日",意为"新的月份"春节,是土族最隆重、最盛大、历时最长的节日,包括各种祭祀活动和民俗活动,如拜年、喝年茶、祭祀村庄保护神、祭敖包等习俗,也包含了土族人的各种娱乐项目。每到临近春节,人们开始购买年货、杀猪宰羊、打扫房屋,开开心心、热热闹闹迎接春节。"元宵节"在门前点燃火堆,一家老小从火堆上来回跳三次,以避瘟消灾,火堆熄灭后,把各家门前的余烬聚拢在一起,围着余火跳起欢乐的安召舞,唱起嘹亮的"安召索罗罗"。随着人民生活条件的改善,元宵节时人们会相聚在县城里,赴镇里的赏灯会,与各族同胞共度元宵佳节。

"纳顿"是娱乐、游戏之意,"纳顿节"为新兴节庆,本是民和三川地区土族庆祝丰收的传统节日,从农历七月十二日开始至九月十五日结束,历时两月有余,现在,纳顿节整合了互助、大通、民和、同仁几个地区土族文化的精华,逐渐成为土族的全

民节日。

"博"意为萨满巫师,举行"博纳顿"主要是祭祀神灵,祈求平安,有农历二月初二东沟乡大庄庙博纳顿、二月初四东山乡穆拉霍尼其庙博纳顿和二月初九岔尔沟庙博纳顿、三月初三东沟乡姚马庙博纳顿、威远镇纳家庙博纳顿、三月十二丹麻镇松德庙博纳顿、三月十八丹麻镇索卜沟庙博纳顿、十月十九五十镇浪家庙博纳顿等。

除此之外,土族还有清明节、祭灶和花儿会等传统节日集会,与其他民族一样过端午节和中秋节,有佑宁寺正月、六月祈愿大法会,佑宁寺十月燃灯节、博纳顿等民族特色的宗教节庆和青稞酒节、乡村尊老会等新兴节庆。每逢佳节,能歌善舞的土族,无论男女老少都能哼唱起嘹亮的民歌,跳起欢乐的安召舞迎接节日的到来。

一 春节

8-1 ◆ 大庄

[tsoːje tɛːpɜulɛ] "小年"

  土族将腊月二十三称为小年，是祭灶、送灶神的日子，仪式通常由家庭主妇主持。在土族习俗中，灶神是一位女性神灵，称为"灶神娘娘"，视为家庭守护神。它没有具体形象，只是在灶台上方用黄泥抹上直径约一尺的圆形，上面再用面粉点上一个三角形作神位，下方架一条木板作为供奉台。小年当天，人们在供奉台上点起神灯，放上面饼或年馍，在灶中煨桑，焚烧草马、豆料、糖果等供品，再磕三个头，送走灶神后，就对厨房和其他房屋进行大扫除，洗涤衣物，准备过年。

[lɛktɕimeː] "花卷"

　　土族过年时必做的馍馍之一，外观精美，美味可口，过年时既可当作点心，又能作为礼品相送。

8-3 ◆ 大庄

[tuitsi] "春联"

　　春联又称作"对联"，过年时张贴于房屋门窗上，以对仗工整、简洁精巧的文字抒发情感，寄托愿望，表达祝福。土族民居都有高大的门墩，过年时要贴上大红春联，烘托节日气氛，以示迎春纳福，辞旧迎新。

8-2 ◆ 大庄

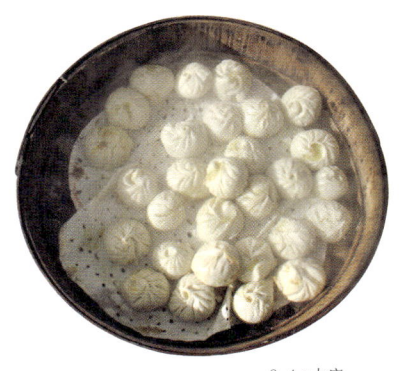

8-4 ◆大庄

[tɕhersər ɕoːmiː] "除夕包子"

　　除夕吃包子是土族的传统习俗，包子象征着团团圆圆，烘托节日气氛。除夕当天中午，每家每户都要蒸一笼热腾腾的猪肉馅儿包子，全家人围坐在一起共进午餐。吃过午饭，晚辈还要将除夕包子分送给家族的长辈们，以示孝心，恭祝家族团圆吉祥。

8-5 ◆大庄

[fintin] "饺子"

　　除夕晚上必吃的食物。吃饺子预示着生活美好、团圆吉祥，酷似元宝的饺子也象征着财源广进。

[ɕɔntɕi qərqə] "清扫"

　　大扫除是辞旧迎新的必要环节，自小年以后人们陆续对庭院、房屋进行全面清扫，除去旧尘，喜迎新年的到来。

8-6 ◆大庄

8-7 ◆大庄

[fintin xutɕi] "包饺子"

　　饺子是年夜饭必吃的食物，酷似元宝的饺子象征着团圆和财运。从而包饺子成了除夕的一项重要活动。家中妇女们围坐在一起包饺子，拉家常，热热闹闹，充满年味儿。

[mexe tɕhine:] "煮肉"

　　土族过年时每家每户都要宰猪，年夜饭上手把肉是一道必不可少的菜肴。

8-8 ◆大庄

互助土族语　　捌·节日

267

8-9 ◆大庄

[foːr tirɛ ɕtɕi] "上坟"

除夕上坟祭祖是土族传统习俗之一，当天下午人们带上 [stsor] "斯佐尔" 专用于祭祀的一种油面、菜品的头份、烧纸等祭祀品，前往坟地祭祖。到达坟地后，在坟前生火，将菜品和油面煨在火堆上，烧纸钱，磕头祷告，报告祖先过去一年的所有事情，希望保佑明年一切顺利，家庭兴旺。与清明节上坟扫墓不同的是，除夕上坟祭祖意在表达后辈们对祖宗的思念和孝心，与逝者共享团圆的节日氛围。

[suːtɛŋ bɛbdɑ] "打醋炭"

除夕晚上进行的一项传统习俗活动。夜幕降临后，人们在盆子中倒入半盆开水，水里加上醋、柏香、五谷粮食以及熏香等物品，然后把烧红的石灰石放入水中使之冒出酸香的热气，用蒸气熏遍每间房屋圈棚，有些人还会用醋炭水洗头洗脸，洗熏完毕后将醋炭水倒在大门外。当地人认为这不仅可以消毒，还可以洗掉晦气、熏走邪气，保佑全家人在新的一年里平安健康。

8-10 ◆大庄

[tɕhenmɛ: ɕirɛ:] "烧钱马"

大年初三早晨,人们会把张贴在门楣上的钱马撕下来烧掉,意味着一年最吉祥的时刻已经过去,不怕债主讨债招晦气,所以将其烧掉。

8-13 ◆ 大庄

[tɕhenmɛ: xqorlɛ] "印钱马" | [tɕhenmɛ: nɛ:lqɛ] "贴钱马"

在黄表纸上用锅底灰或墨汁印制钱马的图案,大年三十贴春联时,人们将印有钱马图案的黄表纸贴于门楣中间。过去是用来避债的,门上贴钱马告诉债主过年时别来讨债。贴钱马是传统习俗,现在,仍有很多人家过年贴钱马,钱马上印有大鹏展翅、骏马飞驰图案,并写有"钱、马"两字,用以辟邪保平安,保佑一家老小一整年平安健康、财运亨通。

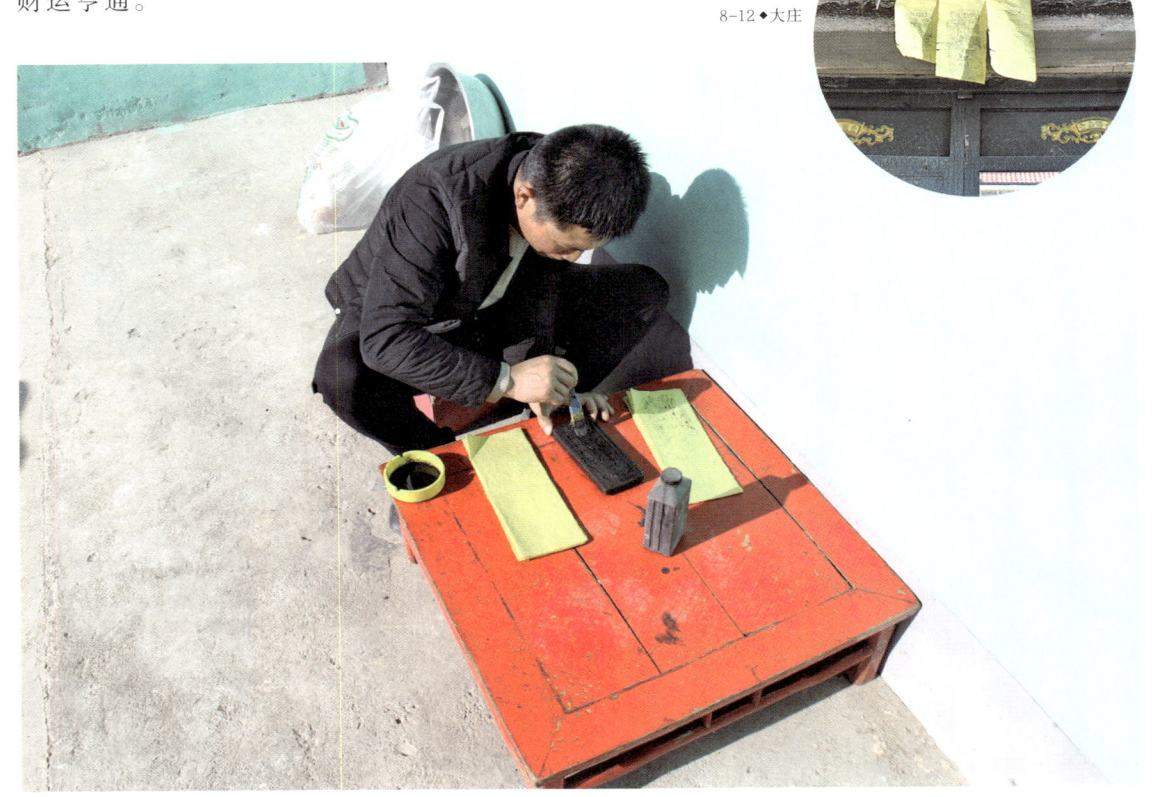

8-12 ◆ 大庄

8-11 ◆ 大庄

8-15 ◆大庄

[ɕini tɕhɛː] "新年茶"

春节期间，村里轮流举行新年宴会，称为"新年茶"。届时，主办的家庭设下丰盛的宴席，召集全村老少参加，老人们在吃喝之余念经祈福，祈祷整个村落平安、和谐、安宁，年轻人吃喝玩乐之余倾听老人们的教导，祈祷一切美好。活动轮流开展到春节结束，村落内户数越多，举行的时间就越长。

[ʂtimɛ ɕinle] "献新馍"

大年初一早上，老人们在佛堂的佛龛前点佛灯、献净水，把过年的第一碟油炸馍、蒸馍和糖果点心供奉在佛龛面前，与此同时在院中的煨桑台上献供煨桑，在虔诚的祈祷声中顶礼，在深切的感恩和无限的期望中跪拜，虔心祈祷人间平安、五谷丰登、六畜兴旺。

8-14 ◆大庄

8-16 ◆ 寺滩村

[lɤxeŋti ɕtɕi] "去村庙"

大多数土族村落都有一座村庙，供奉村庄保护神。大年初二是村庄保护神祭祀日，清早，人们拿着备好的祭祀品前往村庙，给保护神献供、点灯、上香、煨桑、朝拜。礼毕后，人们在庙管的主持下由请神者"请下保护神，恭听保护神降旨预示年景"。

8-17 ◆大庄

[lɐrtsi ʂtorlə] "祭敖包"

敖包是在山顶、垭口或者道路旁边的高处用石头堆起来的锥形石堆。原本是一种界标，后来加入宗教因素，用来供奉、祭祀山神。大年初一，拜完年后人们要拿上祭祀品到就近的山上祭祀敖包。祭敖包时，人们把经幡和拴有白羊毛的树枝等插在敖包上，向敖包献哈达、煨桑、叩头，按顺时针方向绕敖包三圈，同时将五谷杂粮和美味的青稞酒祭洒于敖包上。祭敖包的习俗源远流长，源于传统的游牧生活。

[stsɛŋ qɐrqə] "煨桑"

煨桑是祭天、祭敖包、祭诸神的仪式。人们点燃香炉中的柏树枝和香花，使其冒出清香的烟味，然后放上炒面，祭洒清水。在春节和其他宗教节庆时会在院内或特定的祭祀地（通常在山顶）煨桑祭祀。

8-18 ◆大庄

[ɕinletɕi ɕtɕi] **"拜年"**

大年初一，人们身着盛装，带上哈达、美酒和馍馍前往长辈家中拜年。途中，不管遇到谁都要相互道声"希努赛尼_{新年好}"。孩子们给长辈磕头拜年时，长辈们会给 [ɕini seːr] "希努斯耶尔_{压岁钱}"，以示吉祥，祝福孩子们茁壮成长。

8-19 ◆ 大庄

[xɐmti ɕinle] **"团拜"**

集体拜年的一种形式。大年初一，串门走亲戚，互相拜年后，整个家族聚集到最年长的一户人家进行团拜，聚餐玩乐，拉家常，相互送祝福，祝愿新的一年里家族和睦，平安吉祥。

8-20 ◆ 大庄

二 其他节日

[po: nɛ:tun] "萨满会"

萨满会是土族极具特色的宗教节日。萨满会的主要内容有立幡设坛、迎请神灵、娱神喜神、传承法史、送神安祖、神灵归位等仪式。萨满会通常由某个村庄的村庙主办，都有各自固定的日期。比如有东沟乡大庄村庙的二月二萨满会、姚马村村庙的三月三萨满会等。萨满会开始后，村里的庙管或长者在前一年选定的地点搭上帐篷、摆上香案，恭请龙王神轿和护法神矛莅临。一切就绪后，萨满们击鼓跳舞，以示将所有供品敬于众神，使众神欢喜。萨满在狂舞中也有与众人打趣的动作，使人们捧腹大笑，达到神人共娱、人神同喜的效果。最后送走众神，安抚祖宗亡灵，恭请龙王神轿、护法神矛归位庙内。

8-22◆大庄

[fo:r tirɛ ɕtɕi]"上坟"

　　清明节是土族祭祖扫墓、悼念逝者的日子。当天清晨，家族所有男性带上"斯佐尔清油拌生面"、馒头、茶、酒、烧纸等祭祀品，前往墓地填土扫墓。土族非常重视清明节，在传统习俗中家中的男人无论身在何处，清明节当天必须返回家中参加扫墓祭祖活动。

8-23◆大庄

8-21◆大庄

[xɛrɛn thɐʊun]"正月十五"

　　正月十五也就是元宵节。人们在元宵节当天会撤去所有供品，表示春节已经过去。过去，在这一天夜幕降临时，每家每户门前都会点燃火堆，全家老小从火堆上来回跳三次，以避瘟消灾，火堆熄灭后，把各家门前的余烬聚拢在一起，围着余火跳起欢乐的安召舞，唱起嘹亮的"安召索罗罗"。随着人民生活条件的改善，元宵节时人们会相聚在县城里，赴镇里的赏灯会，与各族同胞共度元宵佳节。

275

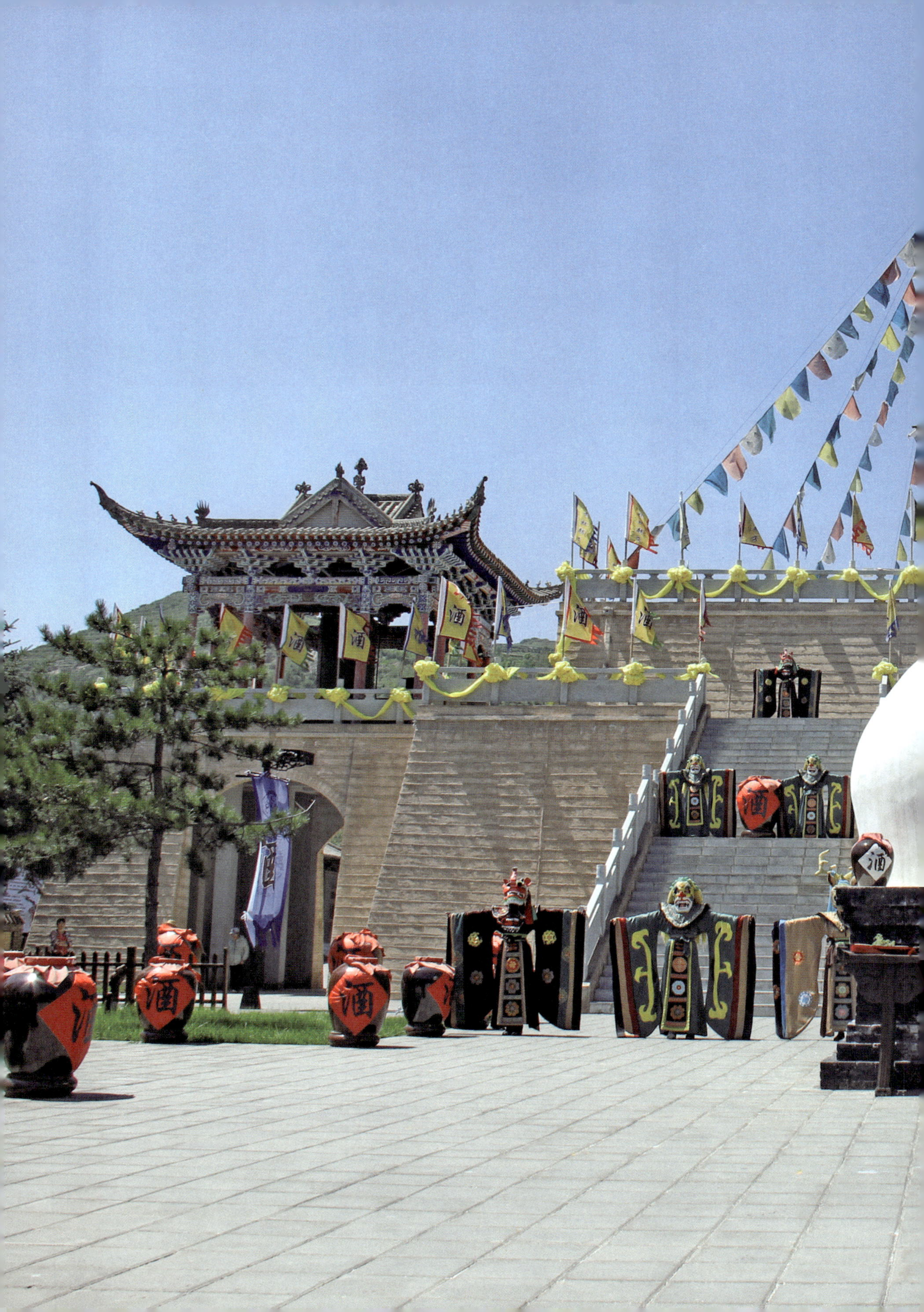
酒

玖·说唱表演

土族口头文化丰富多彩，包括民歌、故事、叙事诗、谚语、谜语等。其中最具代表性的是土族民歌。土族民歌有赞歌、情歌、生活歌、问答歌、习俗礼仪歌、劳动歌、儿歌等。土族民歌反映了土族的形成过程。如问答歌《唐德尔格玛》是一种内容丰富，在任何场所都能演唱的歌。土族人在开唱时必唱"蒙古勒汗的子孙，唱支蒙古勒的歌曲，这是蒙古勒人的习俗"。从这里可以看出土族和蒙古族的渊源关系。土族有难以数计的赞歌和情歌，曲调多样，内容广泛。土族赞歌一般为三句三段式，有赞颂苍天、大地、民族的，也有赞颂母亲、父亲、兄弟姐妹的，有赞颂客人的，也有赞颂主人的，可随时随兴演唱，含有丰富的道德、伦理观念和敬老、团结、和睦的意识。土族语称

土族情歌为"嘎达固道",除了用汉语唱的"花儿"以外,也有用土族语唱的"玛森格""阿柔洛""恰柔洛"等曲令。土族儿歌是一种歌词风趣、曲调活泼的歌谣,最具代表性的有《孙子斯仁古玛》《蜜蜂哥》《姜加阿姑》等。《孙子斯仁古玛》中小孙子斯仁古玛骑上猪、猫、鸡、小驴驹等玩耍,这些动物的形态表现得活灵活现。《蜜蜂哥》通过蜜蜂与大鹏鸟、老虎、老鼠、蚂蚁、蜘蛛等作比较,认为自己有这些动物的特征而感到非常自豪。《姜加阿姑》用一句紧跟一句的问答启发儿童智力,通过歌唱可以提高儿童的缜密思维能力。

一 俗语谚语

1. tʂuɐŋtɕɛ rkɛn-i   sɐinɛ, puli: ntɕɛnɛ-ni   sɐinɛ.
   庄稼 别人：领 好   孩子 自己：领 好

   庄稼别人的好，孩子自己的好。

2. ʂtɛ-tɕi   tʂuɐŋtɕɛ-ni stsɛrpɐ-ni   kon-ti   ʋɛ,   rui tʂuɐŋtɕɛ-ni   stsɛrpɐ-ni
   早：形动 庄稼：领 根：属人称 3 深：位（语气词）晚 庄稼：领格 根子：属人称 3
   tɛːxoŋ-ti ʋɛ.
   浅：位（语气词）

   早田扎根深，晚田根子浅。

3. qɐr khol khuŋkuɐn,   thɛrɛː thoːtsi jɛklɛn.
   手 脚 轻的   粮食 油   丰收

   四体勤，五谷丰。

4. mulɛː putɕhɛk-ni moŋlor-ti fuŋkuku murku   ʋɛ,   stsɛliu kon-i   thɛkur lɛkur   kulɛku
   小 豆子：宾圆：向 搓   不需要（语气词）聪明 人：宾 重复（概称）说：副动
   murku   ʋɛ.
   不需要（语气词）

   豌豆不需往圆里搓，明白话不需重复说。

5. khuŋkuɐn ɛuu-ni   tʂuɐŋtɕɛ-ni   sɐim, khuŋkuɐn ɛːku-ni   muskuni   sɐim.
   轻的   哥哥：领 庄稼：属人称 3 好   轻的   阿姑：领 穿的：属人称 3 好

   勤劳的哥哥庄稼好，手巧的阿姑穿戴好。

6. lon lɛŋthutɛ-sɛ   thɛrɛː lon.
   多 打榔头：副动 粮食 多

   榔头底下有水分，多打一下多收粮。

7. toŋtɕi nokɕil-ti xoɾɐ kui, kuɐntei lɐmɐːte-ti xkoitɕhe kui.
   响的 雷：位 雨 没有 吹牛的 喇嘛：位 经文 没有

   雷声大的天上没雨点，爱夸口的喇嘛没经念。

8. loŋ tɕiuɾɐ-ku nɐɾɐ xeloŋ, xoiti ɐːmɐ-ni skil xetoŋ.
   云 中间：领 太阳 热 后 妈妈：领 心 硬

   云缝的太阳热，后娘的心肠毒。

9. nɐɾɐ ʂteɾkilɐ-sɐ xoɾɐ uɾo-n, sɐɾɐ ʂteɾkilɐ-sɐ khi: thɜu-n.
   太阳 围圈：副动 雨 下：陈述 月亮 围圈：副动 风 刮：陈述

   日晕要下雨，月晕要刮风。

10. teːɾin sɐɾɐ-ni xeisɐ theŋ-ti thompɐ ɾɐm, thɐvin sɐɾɐ-ni xeisɐ loː-ti thompɐ ɾɐ-m.
    四 月：宾 晒：副动 滩：位 灾难 来 五 月：宾 晒：副动 山：位 灾难 来：陈述

    四月旱川里干，五月旱山上干。（意思是四月份旱的话川里受灾，五月份旱的话山上受灾）。

11. noxɕtɕil ɾi-sɐ tɕelkei tɐvɐː ɐten, peːsɐ ɐltɐ-sɐ te xolqolo ɐtem.
    雷 来：副动 塄坎 过 不能 屎 放开：副动 门 跨过 不能

    过雨过不了塄坎，拉稀过不了门槛。

12. khiː-ti tɕuɾ kuɐ, khun-ti tiuɾku-nu kuɐ.
    风：位 尖 没有 人：位 满：属人称3 没有

    风无边，心无满。

13. thileː-ʋɐ kitɕi teː-lɐ piː mɐɾtɐː, tɕheti-ʋɐ kitɕi ʂtime-ni piː mɐɾtɐː.
    热：陈述（联动）衣服：反 不要 忘记 吃饱：陈述（联动）馍馍：宾 不要 忘记

    热时不忘带衣裳，饱时不忘拿干粮。

14. tɕileː-ni koɾ thoːsi-ni uːɾ-ti ʋɐ.
    灯：领 光 油：领 气：位 是

    灯的亮光靠油的力量。

15. ɕtɕoːtsi-ti ɾɐsi kileku-nɐ, khun-ti niuɾ kileku-nɐ.
    树：位 皮 需要：陈述 人：位 脸 需要：陈述

    树靠皮，人靠脸。

281

16. vɐrmɐ-lɛ khuntun khuŋkon-i mutɛ-m, uko-lɛ khun-i skili mutɛ-m.
    秤：凭借 重的 轻的：宾 知道：陈述 话：凭借 人：宾 心 知道：陈述

    秤可以量轻重,话可以量人心。

17. xqei thurʁʋɐkurun-sɐ ɐji-m, khun nirɐ kɐrkun-sɐ ɐji-m.
    猪 肥：副动 怕：陈述 人 名字 出：副动 怕：陈述

    猪怕肥壮,人怕出名。

18. ɕtɕo:tsi-ni nɐrkei-lɛ:, nɐsi-ni mulɛ:-lɛ:.
    树：宾 嫩的：形动 年龄：宾 小：形动

    树要从小栽培,人要从小教育。

19. muɕi-ni xoni tholqoi-vɐ, xoinɐ-ni noxoi mɐxɐ-vɐ.
    前面：属人称3 羊 头：陈述 后面：属人称3 狗 肉：陈述

    挂羊头,卖狗肉。

20. ʂto:ku-ni tulʋɐ-ku kulʋɐ-m, puli:-ni surkʋɐ-ku kulʋɐ-m.
    老人：宾 端：副动 需要：陈述 孩子：宾 教育：副动 需要：陈述

    长者要尊重,孩子要教育。

21. te:l ɕini-ni sɐini, tʂɐkne: xɜutɕe-ni sɐini.
    衣服 新：属人称3 好 朋友 旧的：属人称3 好

    衣服新的好,朋友老的好。

22. nike kɐntsi ɕiuri xo:li ʂtɐm, nike xɐjɐq ɕiuri xo:li ɐtɛn.
    一 根 筷子 折断 能 一 捆 筷子 折断 不能

    一根筷子容易断,一把筷子折不断。

23. tɕhilɐrlo: mɐlqɐ tɕo:-sɐ, tɕʋɐŋtɕɐtɕhi khun no:r nthirɛ:-m.
    龙王山 帽子 穿戴：副动 庄稼人 人 觉（睡）睡：陈述

    龙王山戴帽,庄稼人睡觉。（意为天下雨庄稼人就可以休息。）

24. xɐ:-ni ten-ti i:lɛ ɕiultɕe-ni :. je:ni? sɜukɐ vɐ.
    皇帝：领 门：位 鬼 游荡：陈述 什么 耳坠（语气词）

    皇宫门前鬼荡秋。谜底：sɜukɐ "耳坠"

    本条及以下为谜语。

25. ʂtoːku khun-i skɛl-sɐ　　nike vɐr-sɐ　　nɐsi-nɐ　　khile-niː. jɐːniʔ vɐrmɐ.
　　老　人：领 胡子：从比 一　 抓：副动 年龄：反 说：陈述 什么 秤

　　一旦抓住老人的胡子就会报上自己的岁数。谜底：vɐrmɐ "秤"

26. teːrɛn puliː nike　 nukho-ɾi ɕeː-ni.　jɐːniʔ sun sɐː.
　　四　孩子 一 洞：向　撒尿：陈述 什么 奶 挤

　　四个娃娃往一个坑里撒尿。谜底：sun sɐː "挤奶"

27. tɕhɛteː-sɐ phusɐː sɜu-n,　losɐ-sɐ khite: sɜu-n.　jɐːniʔ fuːtɐː.
　　饱：副动 站　 坐：陈述 饿：副动 卧　坐：陈述 什么 口袋

　　饱了站着，饿了卧下。谜底：fuːtɐ "口袋"

28. thiːku-ni　　ten kui, polkosɐ-nɐ　　ten kui,
　　生的：属人称3 吃 没有　熟的：属人称3 吃　没有

　　muɕi-sɐ-ni　　　　ʂteː-sɐ,　xoino-sɐ-ni　　teː-niː.　jɐːniʔ xoŋsɐ vɐ.
　　前：从比 - 属人称3 烧：副动 后：从比 - 属人称3 吃：陈述 什么 烟杆（语气词）

　　生熟不吃，前头烧，后头吃。谜底：xoŋsɐ "烟杆"

29. xɐrɐ mori-nki　vɐi, nike xolqɐ jɜu-sɐ　nike ɐmɐ tɕɜu-niː.　jɐːniʔ xɐitɕhi.
　　黑 马：单数 有　 一　 步　走：副动 一　口　咬：陈述式 什么 剪刀

　　一匹黑马走一步咬一口。谜底：xɐitɕhi "剪刀"

30. ɐmɐ-ni　　　puːrke, khuː-ni　　lɛŋti. jɐːniʔ thurmɐː.
　　妈妈：属人称3 跳蚤 儿子：属人称3 榔头 什么 萝卜

　　妈妈比跳蚤小，儿子比榔头大。谜底：thurmɐ "萝卜"

31. xɐːn-i　khumorkɐ-ni　　neː ʂtɐm xɐ ɐtɐm. jɐːniʔ ntikɐ.
　　皇帝：领 箱子：属人称3 开　能　关 不能 什么 蛋

　　皇上的箱子只能开不能关。谜底：ntikɐ "蛋"

32. tɕhimu-sɐ mulɐː-nki　tɕhimu rtikɐ ʂtɐm. jɐːniʔ kɛːrɐ.
　　你：从比 小：比较级 你　 哄 　能 什么 糖

　　比你小，哄你笑。谜底：kɛːrɐ "糖"

（刁荣讲述，2017 年 8 月 6 日）

二 歌谣

（一）童谣

1. 阿丽玛

ɛlimɛ tɕhi mori-nɛ xuni-lɛ   rɛ,
阿丽玛 你   马：反   骑：副动 来

  阿丽玛，你骑上马儿来，

mori-nɛ: xunɛ:-nu   ulɛ-tu   qɛri-jɛ.
马：反   骑：副动   山：向   出：祈使

  骑上马儿上山岗。

ɛlimɛ   tɕhi phɜu-nɛ rku-lɛ   rɛ,
阿丽玛 你   枪：反   背：副动 来

  阿丽玛，你背上钢枪来，

phɜu-nɛ rku-lɛ   rɛ ni kɛŋtɕhɛŋ-xɛ pɛiɕɛŋloi lɛi.
枪：反   背：副动 来 你 钢枪   背上   来

  你背着钢枪来。

ɛlimɛ   ʂkɛ lɛ-tu   qɛrɐŋ:-nu,
阿丽玛 大 山：位   上：副动

  阿丽玛，到大山里面，

tho:li:-nu   phɜutɛ-lɛ   rɛ,
兔子：宾   打枪：副动   来

  打兔子来，

tɕhi tho:li:-nu   phɜutɛ-lɛ   rɛ.
你   兔子：宾   打枪：副动   来

  你打兔子来。

ɑlimɑ   tɕhi ʂke lɐ-tu-nɐ   qɐrɐː-nu,
阿丽玛 你 大 山：位 反上去：副动

　　阿丽玛，你到大山上去，

thoːliː-nu   ʋɐri-lɐ   rɛ,
兔子：宾   抓：副动 来

　　把兔子抓了来，

thoːliː-xɐ   tʂʋɐʂŋlʒu lɐi.
兔子：宾   抓上   来

　　抓上兔子来。

ɑlimɑ   thoːliː-nu   ɐrɐsi-ni   xɜuli-lɐ   rɛ,
阿丽玛 兔子：领   皮子：宾 剥：副动 来

　　阿丽玛，剥兔子皮来，

phitsi-xɐ   poːtʒu   lɐi,
皮子：宾   剥掉   来

　　把皮子剥掉，

ni phitsi-xɐ   poːʂŋ-loː   lɐi.
你 皮子：宾 剥掉：副动 来

　　剥掉这个皮子来。

ɑlimɑ   tɕhi thu   mɐxɐ-ni   tɕhinɐː-lɐ   rɛ,
阿丽玛 你 兔：领 肉：宾 煮：副动 来

　　阿丽玛，煮兔子肉来，

thoːliː-nu   mɐxɐ-ni tɕhinɐː-lɐ   rɛ, ɐtɕiu-mi   tɕʒuri le.
兔子：领 肉：宾 煮：副动   来 舅舅：宾 叫来 来

　　煮兔子肉来，把舅舅叫过来。

ɑlimɑ   tɕhi nɐqɐi-nu   tʒutɐ-lɐ   ɕtɕi,
阿丽玛 你 舅舅：宾 叫：副动 去

　　阿丽玛，你叫舅舅去，

互助土族语 玖·说唱表演

285

nɛqɛi-nu tɜutɛ-lɐ ɕtɕi ɐtɕiu tɕɜuʂɛŋ-lo lɐi.
舅舅：宾 叫：副动 去 阿舅 叫上：副动 来

  把舅舅叫上来。

ɐlimɛ tɕhi nɛqɛi-nu tɜutɛː-nu,
阿丽玛 你 舅舅：宾 叫：副动

  阿丽玛，你把舅舅叫上后，

thoːliː-nu mɐxɐ-ni itɛ-lɐ rɛ tɕhiʂɛŋ thurɜu tɕhi lɐi.
兔子：领 肉：宾 吃：副动 来 吃上 兔肉 吃 来

  让他吃兔子肉来。

ɐlimɛ ɐtɕiu-nɐ tɜutɛ-nu,
阿丽玛 阿舅：宾 叫上：副动

  阿丽玛，叫上阿舅后，

ɐtɕiu-nɐ tɜutɛ-lɐ ɕtɕi tɕhutuqu-nu vɐrɐː rɛ.
舅舅： 反 叫：副动 去 刀子：宾 拿 来

  去叫舅舅后，把刀子拿过来。

ɐlimɛ tɕhi tɕhutuqu-nu vɐrɐː-nu,
阿丽玛 你 刀子：宾 拿：副动

  阿丽玛，你拿上刀子，

thoːliː-nu mɐxɐ-ni khirtɕi-lɐ rɛ ɐtɕiumɛ tɕhiruː lɐi.
兔子：领 肉：宾 切：副动 来 阿舅妈 吃肉 来

  切兔子肉来，阿舅妈吃肉来。

  《阿丽玛》是一首土族育儿歌，反映的是土族的打猎生活。当人们得到猎物之后，首先想到的是请舅父来享用，表现了舅父在土族人心目中的至尊地位，也是土族人母系社会生活的一个痕迹。通过歌谣的唱诵使孩子们从小耳闻目染本民族的传统文化，受到亲情为重、尊敬长辈的教育。

（韩永胜演唱，2017年10月3日）

2. 孙子斯仁古玛

tɕhitsije: mitsitsiɕeː.
其子耶 咪子子咿谢

　　其子耶咪子子咿谢。

ɐːtɕɐ sireŋkumɐː jei mɜutɕeje: the-nɐː xunɐː-no,
孙子 斯仁古玛 耶 母猪　那个：宾 骑：副动

　　孙子斯仁古玛耶，我骑上那个母猪啊，

ɐːtɕɐ sireŋkumɐː jei jentsije: toːɾi-nɐ xoɾi-sɐn.
孙子 斯仁古玛 耶 院子　中间：人称属 3 转：形动

　　孙子斯仁古玛耶，院子中间转。

ɐːtɕɐ sireŋkumɐː jei,
孙子 斯仁古玛 耶

　　孙子斯仁古玛耶，

ṣoː kitɕi toŋti-sɐ,
"硕"（联动）喊：副动

　　我"硕"那样喊一声，

qɐi kitɕi xɐilɐ-nɐ.
"咳"（联动）叫：陈述

　　它"咳"那样叫一声。

tɕhitsije: mitsitsiɕeː.
其子耶 咪子子咿谢

　　其子耶咪子子咿谢。

ɐːtɕɐ sireŋkumɐː jei mɜuɕije: the-nɐ xunɐː-no,
孙子 斯仁古玛 耶 猫　那个：宾 骑上：副动

　　孙子斯仁古玛耶，我骑上那个小猫啊，

ɐːtɕɐ　　sireŋkumɐː jei tsoːxoje: xoino-nɐ　　　xori-sɐn,
孙子 斯仁古玛 耶 灶　　后面：人称属3 转：形动

　　孙子斯仁古玛耶，在灶台后面转，

ɐːtɕɐ　　sireŋkumɐː　jei,
孙子 斯仁古玛　耶

　　孙子斯仁古玛耶，

mio　　　kitɕi　　toŋti-sɐ　　mio　　kitɕi　　xɐilɐ-ne.
"喵"（联动）喊：副动 "喵"（联动） 叫：陈述

　　我"喵"那样喊一声，它"喵"那样叫一声。

tɕhitsije: mitsitsiɕe:.
其子耶 咪子子咿谢

　　其子耶咪子子咿谢。

ɐːtɕɐ　　sireŋkumɐː jei thikɜu je: the-nɐ　　xunɐː-no,
孙子 斯仁古玛 耶 鸡　耶 那个：宾 骑：副动

　　孙子斯仁古玛耶，我骑上那个鸡啊，

ɐːtɕɐ　　sireŋkumɐː jei ntikje: thente-nɐ　　　　jɜu-sɐn　　pɐ,
孙子 斯仁古玛 耶 蛋　那边：人称属3 走：形动 吧

　　孙子斯仁古玛耶，往蛋的那边走，

ɐːtɕɐ　　sireŋkumɐː jei,
孙子 斯仁古玛　耶

　　孙子斯仁古玛耶，

khiʂi　　kitɕi　　toŋti-sɐ　　kɜu　　kitɕi　　xɐilɐ-ne.
"咕唏"（联动）喊：副动 "咕"（联动） 叫：陈述

　　我"咕唏"那样喊一声，它"咕"那样叫一声。

tɕhitsije: mitsitsiɕe:.
其子耶 咪子子咿谢

　　其子耶咪子子咿谢。

ɐːtɕɐ　siɾeŋkumɐː　jei　tɕikeje:　the-nɐː　　xunɐː-no,
孙子　斯仁古玛　耶 驴　　那个：宾 骑：副动

　　孙子斯仁古玛耶，我骑上那个驴啊，

ɐːtɕɐ　siɾeŋkumɐː　jei　kiːɕeɲje:　thente-nɐː　　jɜu-sɐn　pɐ,
孙子 斯仁古玛 耶 巷道　　那边：人称属3 走：形动 吧

　　孙子斯仁古玛耶，往巷道那边走，

ɐːtɕɐ　siɾeŋkumɐː　jei,
孙子 斯仁古玛 耶

　　孙子斯仁古玛耶，

tiɾ　kitɕi　　toŋti-sɐ　　kɐ　kitɕi　xɐilɐ-ne.
嘟（联动）喊：副动 嘎 （联动）叫：陈述

　　我"嘟"那样喊一声，它"嘎"那样叫一声。

　　《孙子斯仁古玛》是一首土族儿歌，表现小孙子斯仁古玛骑上猪、猫、鸡、小驴驹等玩耍，把这些动物的形态声态表现得活灵活现，让孩子们从小了解这些家畜的特性。

（韩永胜演唱，2017年10月3日）

3. 布柔牛犊

puɾuː　joː　puɾuː　joː　　puɾuː　joː,
布柔 哟 布柔 哟 布柔 哟

　　布柔哟布柔哟布柔哟，

putɐ　quilɐ-nu　kheːle　losi-nɐ　　puɾuː　joː.
我们 两个：领 肚子 饿：陈述 布柔 哟

　　我们两个肚子饿了，布柔哟。

theŋ-tu　usi te-lɐ　　jɜu puɾuː　joː,
滩：位 草 吃：副动 走 布柔 哟

　　我们到滩里去吃草吧，布柔哟，

theŋ-nu　theŋquɪ stsu-nu　tɕhu-lɛ　　jɔu puru: jo:,
滩：领　积水　水：宾　喝：副动 走 布柔 哟

　　我们到滩里去喝水吧，布柔哟，

theŋ-nu　nuqo:n usi-nu　te-lɛ　　　jɔu puru: jo:.
滩：领　绿色 草：宾 吃：副动　走 布柔 哟

　　我们到滩里去吃草吧，布柔哟。

ɛ:mɛ　jo: ɛ:mɛ　jo: ɛ:mɛ jo:,
阿妈 哟 阿妈 哟 阿妈 哟

　　阿妈哟 阿妈哟 阿妈哟，

putɛ　quilɛ　lɛ-tu　　usi te-lɛ　　　jɔu ɛ:mɛ　jo:.
我们 两个 山：位　草 吃：副动 走 阿妈 哟

　　我们到山上去吃草吧，阿妈哟。

lɛ-nu　usi untur-ʋɛ　　ɛ:mɛ　jo:,
山：领 草 高：陈述　阿妈 哟

　　山上的草长得高，阿妈哟，

lɛ-nu　pulɛk stsu tɛ ɛrin-nɛ　　　puru: jo:,
山：领 泉　水 也 清：陈述 布柔 哟

　　山上的泉水也非常清，阿妈哟，

lɛ-nu　khɛtɛm rɛ:ri　kʋɛ　ɛ:mɛ　jo:.
山：领 狼　　厉害 没有 阿妈 哟

　　山上的狼不凶，阿妈哟。

puru: jo: puru: jo: puru: jo:,
布柔 哟 布柔 哟 布柔 哟

　　布柔哟 布柔哟 布柔哟，

theŋ-nu　theŋquɪ stsu tɛ ɛrin-nɛ　　　puru: jo:,
滩：领　积水　水 也 清：陈述 布柔 哟

　　滩里的积水也清，布柔哟，

theŋ-nu usi tɕɔːlɔn-nɛ puru: joː,
滩：领 草 软：陈述 布柔 哟

  滩里的草也软，布柔哟，

theŋ-nu khetem reːri kʊɐ puru: joː.
滩：领 狼 厉害 没有 布柔 哟

  滩里的狼不厉害，布柔哟。

ɛːmɐ jo: ɛːmɐ jo: ɛːmɐ joː,
阿妈 哟 阿妈 哟 阿妈 哟

  阿妈哟 阿妈哟 阿妈哟，

fuleːn fuleːn jeːxen-nɛ ɛːmɐ joː,
红 红 什么：陈述 阿妈 哟

  红的红的是什么，阿妈哟，

tɕhiqeːn tɕhiqeːn jeːxen-nɛ ɛːmɐ joː,
白 白 什么：陈述 阿妈 哟

  白的白的是什么，阿妈哟，

xɐrɐ xɐrɐ jeːxen-nɛ ɛːmɐ joː,
黑 黑 什么：陈述 阿妈 哟

  黑的黑的是什么，阿妈哟，

ɕirɐ ɕirɐ jeːxen-nɛ ɛːmɐ joː.
黄 黄 什么：陈述 阿妈 哟

  黄的黄的是什么，阿妈哟。

puru: jo: puru: jo: puru: joː,
布柔 哟 布柔 哟 布柔 哟

  布柔哟 布柔哟 布柔哟，

fuleːn fuleːn ɛːmɐ-nu tɕhitsi ʋɐ,
红 红 阿妈：领 血 吧

  红的红的是阿妈的血，

xɛɾɛ xɛɾɛ ɐːmɐ-nu ɾɐsi ʋɐ,
黑　黑　阿妈:领　皮　吧

　　黑的黑的是阿妈的皮，

tɕhiqɐːn tɕhiqɐːn ɐːmɐ-nu jɐsi ʋɐ,
白　　白　　阿妈:领　骨　吧

　　白的白的是阿妈的骨头，

çiɾɛ çiɾɛ ɐːmɐ-nu foːku ʋɐ.
黄　黄　阿妈:领　油　吧

　　黄的黄的是阿妈的油。

puruː joː puruː joː puruː joː,
布柔 哟 布柔 哟 布柔 哟

　　布柔哟 布柔哟 布柔哟，

tɕhi quɻti quɻti pɜu-tɕi   ɕtɕi,
你　快　快　下:副动　去

　　你快快下山吧，

kɛtɛm tɕhi-ni tɛku-nɛ puruː joː.
狼　　你:宾　吃:陈述 布柔 哟

　　狼会把你吃掉的，布柔哟。

tɕhi quɻtu thɛŋ-tu pɜuʋɐː-nu puruː joː,
你　快　滩:位　下:陈述 布柔 哟

　　你快到滩里去，布柔哟，

thiçi thɛn-tu utɕɛ-tɐ puruː joː,
上面 那个　看:陈述 布柔 哟

　　往上面看一看，布柔哟，

ɐːsintɕhi-nu   pɜu-tɕi   ɾɛ-m   puruː joː,
牧人:人称属3 下:副动　来:陈述 布柔 哟

　　如有牧人下来，布柔哟，

tɕhi the-nu　xuino tɐqɛː ɕtɕi puru: jo:.
你　他：领　后面　跟　去　布柔　哟

　　你就跟着他们走吧，布柔哟。

ɛːmɐ　jo:　ɛːmɐ　jo:　ɛːmɐ　jo:,
阿妈　哟　阿妈　哟　阿妈　哟

　　阿妈哟 阿妈哟 阿妈哟，

pu　ʂke lɐ-tu　qɐɹi-jɐ　ɛːmɐ　jo:,
我　大　山：位　上：祈使　阿妈　哟

　　我到高山顶上，阿妈哟，

nuqoːn ɕuko-nu　ɕuli-jɐ　ɛːmɐ　jo:.
绿　柏香：宾　捋：祈使　阿妈　哟

　　捋下绿色的柏香，阿妈哟。

thepɕin thɐŋ-tu　pɜʋɛː-nu　ɛːmɐ　jo:,
平　滩：位 下：陈述　阿妈　哟

　　我到平平的滩上，阿妈哟，

pulɐk stsu-nu　uːʋɛː-nu　ɛːmɐ　jo:.
泉　水：宾　舀：陈述　阿妈　哟

　　舀上清清的泉水，阿妈哟。

lɐ-nu　xkeŋ-tu　qɐɹɐ:-nu　ɛːmɐ　jo:,
山：领 顶：位 上去：陈述　阿妈　哟

　　来到高高山顶上，阿妈哟，

ʂke stsɐŋ-nu　qɐɹqɐ-jɐ　ɛːmɐ　jo:.
大　桑：宾　煨：祈使　阿妈　哟

　　煨上大大的桑烟，阿妈哟。

thiɕi　furi　furɛː-nu　ɛːmɐ　jo:,
上面　下面　朝着：陈述　阿妈　哟

　　朝着四面八方，阿妈哟，

qurɛːntɛr tholqui-nɛ muʐku-jɛ   ɛːmɛ joː,
三个　头：反　磕：祈使 阿妈 哟

  磕上三个头，阿妈哟，

seŋrtɕi the-nu   jeŋtɕile-jɛ   ɛːmɛ joː,
佛祖　那个：宾 祈祷：祈使 阿妈 哟

  祈祷无上的佛祖，阿妈哟，

kikeːn moːr-nu tɕɛːlqɛ-jɛ   ɛːmɛ joː.
明亮　路：宾　让指：祈使 阿妈　哟

  为您指出光明的路径，阿妈哟。

  《布柔》是一首土族寓言式叙事歌。歌中唱述母牛和牛犊为生活发生争执，母牛要在滩里吃草，牛犊非要去山上吃草。母牛对牛犊说，虽然滩里的牧草长得矮，水塘里的水脏，但是滩里没有狼。尽管山上的牧草长得高而嫩，山泉的水甜，但山里的狼非常厉害。牛犊不听母牛的话，它们就到山里生活。最终它们遇到了狼，母牛为救牛犊被狼吃了，牛犊悔恨不已，就到滩里去生活了。

（韩永胜演唱，2017 年 10 月 3 日）

4. 德勒德玛鸟

tiltime   ɕʐu tiltime   ɕʐu,
德勒德玛 鸟 德勒德玛 鸟

  德勒德玛鸟，德勒德玛鸟，

tɕhi munu ɛːmɐ-tu   khile joː,
你　我的 阿妈：向 说　哟

  你去给我的阿妈说，

tiltime   ɕʐu mɐlqɐ the-nu-nke   tshireː-ɕtɕɛ,
德勒德玛 鸟 帽子 那个：人称属 3：单数 破：陈述

  德勒德玛鸟，我的帽子破了呀，

tiltimɛ ɕɜu thɐsrɛ: khɐtsɐr-tu khurɛ:-ɕtɕɛ.
德勒德玛 鸟 破的   穗子：向 剩：陈述

德勒德玛鸟，破的只剩穗子了。

tiltimɛ   ɕɜu,
德勒德玛 鸟

德勒德玛鸟，

tiltimɛ   ɕɜu tiltimɛ   ɕɜu,
德勒德玛 鸟 德勒德玛 鸟

德勒德玛鸟，德勒德玛鸟，

tɕhi munu ɐ:mɐ-tu   khilɛ tɕo:,
你 我的 阿妈：向 说 啊

你去给我的阿妈说，

tiltimɛ   ɕɜu su:kɛ the-nu-nkɛ   tshirɛ:-ɕtɕɛ,
德勒德玛 鸟 耳坠 那个：人称属3：单数 破：陈述

德勒德玛鸟，我的耳坠破了呀，

tiltimɛ   ɕɜu su:kɛ nutun-tu   khurɛ:-ɕtɕɛ.
德勒德玛 鸟 耳坠 眼睛：位 剩：陈述

德勒德玛鸟，破的只剩坠眼了。

tiltimɛ   ɕɜu,
德勒德玛 鸟

德勒德玛鸟，

tiltimɛ   ɕɜu tiltimɛ   ɕɜu,
德勒德玛 鸟 德勒德玛 鸟

德勒德玛鸟，德勒德玛鸟，

tɕhi munu ɐːmɐ-tu　　khile tɕɔː,
你 我的 阿妈：向　说　啊

你去给我的阿妈说，

tiltimɐ　　ɕɜu ʋɐŋɕir the-nu-nke　　　　tshirɐː-nu,
德勒德玛 乌 长袍 那个：人称属3：单数 破：陈述

德勒德玛乌，我的长袍破了呀，

tiltimɐ　　ɕɜu tɕɐqɐ thentu-nke　　khurɐː-ɕtɕɐ.
德勒德玛 乌 领子 那里：单数 剩：陈述

德勒德玛乌，破的只剩领子了。

tiltimɐ　　ɕɜu,
德勒德玛 乌

德勒德玛乌，

tiltimɐ　　ɕɜu tiltimɐ　　ɕɜu,
德勒德玛 乌 德勒德玛 乌

德勒德玛乌，德勒德玛乌，

tɕhi munu ɐːmɐ-tu　　khile tɕɔː,
你 我的 阿妈：向　说　啊

你去给我的阿妈说，

tiltimɐ　　ɕɜu phuseː the-nu-nke　　　　tshirɐː-nu,
德勒德玛 乌 腰带 那个：人称属3：单数 破：陈述

德勒德玛乌，我的腰带破了呀，

tiltimɐ　　ɕɜu khɐtsɐr thentu-nke　　khurɐː-ɕtɕɐ.
德勒德玛 乌 穗子 那里：单数 剩：陈述

德勒德玛乌，破的只剩穗子了。

tiltimɐ　　ɕɜu,
德勒德玛 乌

德勒德玛乌，

tiltimɐ   çɜu tiltimɐ   çɜu,
德勒德玛 鸟 德勒德玛 鸟

  德勒德玛鸟，德勒德玛鸟，

tçhi munu ɐːmɐ-tu   khile tço:,
你 我的 阿妈：向 说 啊

  你去给我的阿妈说，

tiltimɐ   çɜu xuɾmiː theːnuːnke   tshirɐ:-tçɐ,
德勒德玛 鸟 裙子 那个：人称属3：单数 破：陈述

  德勒德玛鸟，我的裙子破了呀，

tiltimɐ   çɜu xunɐːtsi theːtuːnke   khurɐː-çtçɐ.
德勒德玛 鸟 褶子 那个：位：单数 剩：陈述

  德勒德玛鸟，破的只剩褶子了。

tiltimɐ   çɜu,
德勒德玛 鸟，

  德勒德玛鸟

tiltimɐ   çɜu tiltimɐ   çɜu,
德勒德玛 鸟 德勒德玛 鸟

  德勒德玛鸟，德勒德玛鸟，

tçhi munu ɐːmɐ-tu   khile tço:,
你 我的 阿妈：向 说 啊

  你去给我的阿妈说，

tiltimɐ   çɜu tçhɐŋxei then tuːnke   tshirɐː-nu,
德勒德玛 鸟 鞋子 那个：人称属3：单数 破：陈述

  德勒德玛鸟，我的鞋子破了呀，

tiltimɐ   çɜu jepɐn thentuːnke   khurɐː-çtçɐ.
德勒德玛 鸟 叶板 那里：单数 剩：陈述

  德勒德玛鸟，破的只剩叶板了。

tiltimɛ ɕɜu tiltimɛ ɕɜu.
德勒德玛 鸟 德勒德玛 鸟

德勒德玛鸟，德勒德玛鸟。

《德勒德玛鸟》是一首土族叙事歌。歌中唱述一位远嫁的姑娘受尽生活的艰辛困苦与挫折磨难，她向德勒德玛鸟哭诉自己的苦难，希望德勒德玛鸟飞到她的娘家给其父母捎个话，让他们来看望一下他们的女儿。当父母得知消息来看望时，女儿已经被折磨而死。

（韩永胜演唱，2017年10月3日）

（二）民歌

1. 幸阿隆拉莫

ɛje jɛloŋ lɛmu ɛloŋlɜu le,
阿耶 阿隆 拉莫 阿隆洛 列

阿耶阿隆拉莫阿隆洛列，

ʂin jɛloŋ je lɛmu ɛloŋlo leː.
幸 阿隆 耶 拉莫 阿隆洛 列

幸阿隆耶拉莫阿隆洛列。

moŋqol tʂu-nɛ tʂu-lɛlo ne,
土族 歌曲:反 唱:副动 呢

唱一首土族的歌曲，

ʂin jɛloŋ je lɛmu ɛloŋlo leː.
幸 阿隆 耶 拉莫 阿隆洛 列

幸阿隆耶拉莫阿隆洛列。

moŋqol khu-ni tɛrsuː lo ʋɑ,
土族 人:领 习俗 嘞 是

这是土族人的习俗，

ʂin jɐloŋ je lɛmu ɛloŋlo leː.
幸 阿隆 耶 拉莫 阿隆洛 列

  幸阿隆耶拉莫阿隆洛列。

moŋqol khun-ni ɛjɐŋ lo wɐi,
土族 人：领 曲调 嘞 有

  土族人的曲调呀，

ʂin jɐloŋ je lɛmu ɛloŋlo leː.
幸 阿隆 耶 拉莫 阿隆洛 列

  幸阿隆耶拉莫阿隆洛列。

ɛjoŋ tireku ɛjoŋ lo wɐ,
曲调 里的 曲调 嘞 是

  它是最优美的曲调，

ʂin jɐloŋ je lɛmu ɛloŋlo leː.
幸 阿隆 耶 拉莫 阿隆洛 列

  幸阿隆耶拉莫阿隆洛列。

untur thiŋker-ti nesi-lo ne,
高 天空：位 飞：副动 是

  它在辽阔的天空中回荡，

ʂin jɐloŋ je lɛmu ɛloŋlo leː.
幸 阿隆 耶 拉莫 阿隆洛 列

  幸阿隆耶拉莫阿隆洛列。

sɐixɐn khɐjoŋ-nɐ tsɐtɐɪ-lo ne,
美好 祝福：反 叫：副动 是

  它在祝福美好的生活，

ʂin jɐloŋ je lɛmu ɛloŋlo leː.
幸 阿隆 耶 拉莫 阿隆洛 列

  幸阿隆耶拉莫阿隆洛列。

xɛltæ-ni   moːr-nɐ   jɔu-ltilom pɐ,
金：领格 路：反 走：众动 是

　　金子一样的路在我们面前，

ʂin jɐloŋ   je lɐmu   ɛloŋlo   leː.
幸 阿隆 耶 拉莫 阿隆 洛 列

　　幸阿隆耶拉莫阿隆洛列。

kɛːtɕhen ntɕoʋɐ ɾi-sɐnlo   pɐi,
尊贵 客人 来：形动 有

　　尊贵的客人光临此地，

ʂin jɐloŋ   je lɐmu   ɛloŋlo   leː.
幸 阿隆 耶 拉莫 阿隆洛 列

　　幸阿隆耶拉莫阿隆洛列。

spɐi tiɾɛːsi-lɐ-nɐ   tsɐile-lo   ne,
青稞 酒：工具：反 迎接：副动 有

　　用醇香的青稞酒迎接，

ʂin jɐloŋ   je lɐmu   ɛloŋlo   leː.
幸 阿隆 耶 拉莫 阿隆洛 列

　　幸阿隆耶拉莫阿隆洛列。

thuɾo liskɐ-lɐ   tsɐile-lo   ne,
礼节 习俗：工具 迎接：副动 有

　　用高贵的礼节迎接，

ʂin jɐloŋ   je lɐmu   ɛloŋlo   leː.
幸 阿隆 耶 拉莫 阿隆洛 列

　　幸阿隆耶拉莫阿隆洛列。

《幸阿隆拉莫》是一首赞歌，通过演唱展现土族丰富多彩的民俗，以及赞美土族人民的淳朴善良和热情好客。

（韩永胜演唱，2017年10月3日）

2.唐德尔格玛

theŋterkiːmɐː theŋterkiːmɐː,
唐德尔格玛 唐德尔格玛

　　唐德尔格玛，唐德尔格玛，

moŋqol xɐːn-nke khuː ɕtɕun ɐ,
蒙古勒 汗：领 儿 女 啊

　　蒙古勒汗的儿女啊，

theŋterkiːmɐː, moŋqol tʒu-nɐ-nke tʒulɐ-jɐ,
唐德尔格玛 蒙古勒 歌：反－单数 唱：祈使

　　唐德尔格玛，唱一首蒙古勒的歌曲吧，

theŋterkiːmɐː, moŋqol kun-nke tɐrsuː vɐ.
唐德尔格玛 蒙古勒 人：领 习俗 是

　　唐德尔格玛，这是蒙古勒人的习俗。

theŋterkiːmɐː, theŋterkiːmɐː, theŋterkiːmɐː,
唐德尔格玛 唐德尔格玛 唐德尔格玛

　　唐德尔格玛，唐德尔格玛，唐德尔格玛，

lɐ-nu xken-tu-ni utɕe-sɐ,
山：领 上部：位－人称属3 看：副动

　　看那大山的上部，

theŋterkiːmɐː, meŋku ɕtɕoːtsi-nke oːsi-tɕi tɕoː,
唐德尔格玛 银 树：单数 长：副动 啊

　　唐德尔格玛，长着银色的大树，

theŋterkiːmɐː, ɕtɕoːtsi tholqui-ntu utɕe-sɐ,
唐德尔格玛 树 顶：位 看：副动

　　唐德尔格玛，看那银树的顶上，

theŋterki:mɐ:, meŋku ɕɜu-nu-nke   pɜu-tɕi: tɕo:,
唐德尔格玛　银　鸟：人称属3-单数　落：副动　啊

　　唐德尔格玛，落着银色的鸟儿，

theŋterki:mɐ:, ɕɜu-nu xuɕin-tu utɕe-sɐ,
唐德尔格玛 鸟：领　嘴：位　看：副动

　　唐德尔格玛，看那银鸟的嘴上，

theŋterki:mɐ:, je:xen khejeŋ-nu tɜute-nɐ.
唐德尔格玛　什么 祝愿：宾　叫：陈述

　　唐德尔格玛，祝愿着什么吉祥。

theŋterki:mɐ:, theŋterki:mɐ:, theŋterki:mɐ:,
唐德尔格玛　唐德尔格玛　唐德尔格玛

　　唐德尔格玛，唐德尔格玛，唐德尔格玛，

then-sɐ   ʋɐrlɐn-tu utɕe-sɐ,
那个：从　往下：向　看：副动

　　你顺着往下看，

theŋterki:mɐ:, xeltɐn ɕtɕo:si-nke o:si-tɕi: tɕo:,
唐德尔格玛　金　树：单数　长：副动　啊

　　唐德尔格玛，长着金色的大树，

theŋterki:mɐ:, ɕtɕo:tsi tholqui-ntu utɕe-sɐ,
唐德尔格玛　树　顶：位　看：副动

　　唐德尔格玛，看那金树的顶上，

theŋterki:mɐ:, xeltɐn ɕɜu-nu-nke   pɜutɕi: tɕo:,
唐德尔格玛　金　鸟：人称属3-单数　落：副动　啊

　　唐德尔格玛，落着金色的鸟儿，

theŋterki:mɐ:, the-nu xuɕin-tu utɕe-sɐ,
唐德尔格玛 它：领　嘴：位　看：副动

　　唐德尔格玛，看那金鸟的嘴上，

theŋterki:mɐ:,　　jeːxen khɐjeŋ-nu　　tʒutɐ-nɐ.
唐德尔格玛　　什么　　祝愿：宾　　叫：陈述

　　唐德尔格玛，祝愿着什么吉祥。

theŋterki:mɐ:,　　theŋterki:mɐ:,　　theŋterki:mɐ:,
唐德尔格玛　　唐德尔格玛　　唐德尔格玛

　　唐德尔格玛，唐德尔格玛，唐德尔格玛，

then-sɐ　　toːroːɕi　　utɕe-sɐ,
那个：从　下边：向　看：副动

　　你再顺着往下看，

theŋterki:mɐ:,　　tsɐten ɕtɕoːsi-nke oːsi-tɕi　　tɕoː,
唐德尔格玛　　檀香　树：单数　长：副动　啊

　　唐德尔格玛，长着檀香的大树，

theŋterki:mɐ:,　　ɕtɕoːtsi tholqui-ntu utɕe-sɐ,
唐德尔格玛　　树　　梢：位　看：副动

　　唐德尔格玛，看那檀香树梢上，

theŋterki:mɐ:,　　kuku ɕʒu-nu-ŋke　　xɐilɐ-ni,
唐德尔格玛　　布谷　鸟：人称属3-单数　叫：陈述

　　唐德尔格玛，布谷鸟儿鸣叫着，

theŋterki:mɐ:,　　the-nu xuɕin-tu　　utɕe-sɐ,
唐德尔格玛　　它：领　嘴：位　看：副动

　　唐德尔格玛，看那布谷鸟的嘴上，

theŋterki:mɐ:,　　jeːxen khɐjeŋ-nu　　tʒutɐ-nɐ.
唐德尔格玛　　什么　　祝愿：宾　　叫：陈述

　　唐德尔格玛，祝愿着什么吉祥。

theŋterki:mɐ:　　ɕintʂumpoːsoː.
唐德尔格玛　　幸中布索

　　唐德尔格玛，幸中布索。

《唐德尔格玛》是问答歌，内容丰富，在任何喜庆场所都能演唱。土族问答歌一问一答，问中有答，答中有问，如浪似涛，绵延不断。土族人在开唱时必唱"蒙古勒汗的子孙，唱支蒙古勒的歌曲，这是蒙古勒人的习俗"。从这里可以看出土族和蒙古族的渊源关系。

（韩永胜演唱，2017年10月3日）

3. 伊姐

ji:tɕe: ɐ: ji:tɕe:,
伊姐 啊 伊姐

　　伊姐，啊！伊姐，

ɐvi: liukhi-sɐn jo:xo-nu khukol,
阿爸 留：形动 乌黑：领 发辫

　　父亲留下了乌黑的发辫，

ɐmi: tɐ:lɐ-sɐn pholo-nu tɕe:tɕu:.
阿妈 搭：形动 普罗：领 加久

　　母亲搭好了普罗加久。

ji:tɕe: ɐ: ji:tɕe:,
伊姐 啊 伊姐

　　伊姐，啊！伊姐，

thɐ:-nu tenki-nu meŋli:-ni tsɐnten,
你们：领 门：领 门楣：领 檀香木

　　你家的门楣是檀香木，

tsɐnten meŋli:-sɐ tsɐntɐ-nu pe:ɾi,
檀香 门楣：从 檀香：领 门框

　　檀香门楣配着檀香门框，

tsɐnten pe:ɾi-ni tsɐntɐ-nu phusqu,
檀香 门框：领 檀香：领 门槛

　　檀香门框配着檀香门槛，

tsɐnten phusqu-sɐ tsɐntɐ-nu ʂɐntsi,
檀香　门槛：从　檀香：领　门扇

　　檀香门槛配着檀香门扇，

tsɐnten ʂɐntsi-sɐ tsɐntɐ-nu thuko.
檀香　门扇：从　檀香：领　门扣

　　檀香门扇配着檀香门扣。

ji:tɕe: ɐ: ji:tɕe:,
伊姐　啊　伊姐

　　伊姐，啊！伊姐，

thɐ-nu tɐ-nki tɕhurqu-nu meŋku,
你们：领 门：领　锁：人称属3　银

　　你家门锁是银子的，

meŋku tɕhurqu-sɐ meŋku-nu ju:ɕi,
银　　锁：从　　银：领　钥匙

　　银锁配着银钥匙，

meŋku ju:ɕi-nɐ jintɕeŋ-nu qɐr-tu,
银　　钥匙：领 银匠：领　手：位

　　银钥匙在银匠手中，

pi:tɕiŋ pɐtsɐr-sɐ linlɐ-tɕi uqu,
北京　　城：从　　领：副动　给

　　从北京领过来了，

ɕu:mi: voŋtɕɐ-sɐ linlɐ-tɕi rɐ-vɐ,
卑微　　王家：从　领：副动　来：陈述

　　是卑微的王家人领来的，

koŋmi: liutɕɐ-tu tɕinlɐ-tɕi rɐ-vɐ.
尊贵　　刘家：位　敬：副动　来：陈述

　　敬献给尊贵的刘家人。

ji:tɕe: ɐ: ji:tɕe:.
伊姐 啊 伊姐

  伊姐，啊！伊姐。

  《伊姐》是娶亲人纳什金从新娘改发到上马启程唱的土族婚礼歌。土族婚礼礼仪世世代代相延遵守。"载歌载舞"贯穿于土族婚礼的全过程，有人把土族婚礼比喻为一部优美的歌舞剧，通过婚礼表现出了这个民族能歌善舞的特点和开朗豁达的性格。

（韩永胜演唱，2017年10月3日）

三 故事

聪明的姑娘

tɔːro pu ne kule-tɕi xoti sɛini kitɕi ɛku sɛini ɛku kitɕi thiki xkuiŋ-ki
下面 我 这 说：副动 非常 好 说 阿姑 好 阿姑（联动）那样 故事：宾

kule-tɕi ku-jɐ. to ne tɐiki nike ne ɐpɐ-n tɐ ɕtɕun kule-nɐ sɜu-tɕɐ,
说：副动 给：祈使 现在 这 古代 一 这 爸爸：反 和 女儿 俩：反 生活：陈述

ɐi ne ɕtɕun-i nire-ni nike sɛntɕe ʋɐ. ne nikutur-ti nen-i ɐpɐ-ni
哎 这 女儿：领 名字：属人称3 一 桑杰 是 这 一天：位 这：领 爸爸：属人称3

to tɕiu kɛiɕoŋ-ti xɐrki-tɕi ɕtɕi-tɕɐxɐ, xɐrki-tɕi ɕtɕi-sɐ-ni
现在 就 巷子：位 转：副动 去：副动 转：副动 去：副动：属人称3

ɐjil-i khiti ɐtɐ-xki sɜu-ltɐ-ni ɐmu thɐŋɕɐlɐ-lti-nɐ, thɐŋɕɐlɐ-nixɐ
村庄 几个 爷爷：复数 坐：众动（语气词） 交谈：众动－陈述 交谈：副动

ne ɐpɐ-n tɐ sɜu-ʋɐ-n thire-sɐ thɐŋɕɐlɐ-ɕɐ niketi. ɐmu thɐŋɕɐlɐ-tɕi
这 爸爸：领 也 坐：陈述－副动 那：从 交谈：陈述 一下 啊摹 交谈：副动

sɛini-kule the ɐtɐ-xki niketi ko kule ɕtɕi-lkɐ-tɕɐxɐ, ɐtɐ-xki khile-sɐ
好：比较级 那 爷爷：复数 一下 话 说 去：使－副动 爷爷：复数 说：副动

ɐi ne to tɕi thiki thɐŋɕɐlɐ-tɕi sɛini-sɐ tɕi nen-i ɐntɕi-sɐ sur-tɕi
哎 那 现在 你 那样 交谈：副动 好：副动 你 这：宾 哪里：从 学习：副动

ri-ʋɐ kitɕe? ti ne ɕtɕun-i ɐpɐ-ni khile-kunɐ i: pu ne thɐŋɕɐlɐ-tɕi
来：陈述（联动）然后 这 女儿：领 爸爸：属人称3 说：副动 欸 我 这 交谈：副动

sɛini kitɕi teni thɐŋɕɐlɐ-tɕin thiki phutɕhek ʋɐi kitɕe. ɐmu ne phutɕhek ʋɐi-sɐ
好（联动）我们的 交谈：形动 那样 书 有（联动）啊摹 那 书 有：副动

sɐinɐ pei nɐ tɕhi nikɐ ɐʋu-lɐ　　ɕtɕɐ putɐ-xki　　nikɐ utɕɐ-jɐ　　kitɕɐ.
好　呗那 你 一　拿来：凭借 去 我们：复数　一　看：祈使（联动）

tolɐi ni ko-ni　kulɐ kɐʁ-kɐ-ɕɐ　phutɕhek kʋɐ，to　nɐ khun muɕi ɐʋu-lɐ
现在 呢 话：宾 说　出：使动：陈述 书　　没有 现在 这 人　前　拿：凭借

li ɕtɕi-sɐ　niuʁ tɐːlti-kunɐ，
不 去：副动 脸 卖：副动

下面我给（大家）讲一个能说会道的姑娘的故事。从前有个爸爸和女儿生活在一起，女儿的名字叫桑杰。有一天她爸爸去巷子里逛了，逛着的时候碰到村里的几个爷爷正坐着聊天，于是她爸爸也去聊天了。爸爸聊起来就好话不断，其他人都说接不上话，爷爷们就说，你说得这么好，都是从哪儿学来的啊？然后，女儿的爸爸就说，我说得这么好，是因为我们有一本关于说话的书。有书好啊，那你去拿过来一下，我们看看。可是现在呢，话说出去了，却没有书，不拿到人前的话就在众人面前丢脸了。

ti　nɐ to　tɕiu tholkui-nɐ phukijɐ-ni　tɕiu khuti-nɐ ri-tɕɐ.　ʁe khuti-nɐ niketi
然后 这 现在 就　头：反 低着：副动 就 家：反 来：副动 来 家：反 一下

uʁo kɐʁ-ti-nɐ　uʁo-tɕi-ɕɐ　　to　nikɐ sirusile-nɐ　niketi, ti　ɕtɕun-i
进 家：位－反 进：副动－陈述 现在 一　叹气：陈述 一下　然后 女儿：属人称3

nɐ skɐlɐ　　ri-tɕɐ　　ɕtɕun-i　　khile-kunɐ ɐi ɐpɐ　nɐ tɕhi thikinki sirusile-tɕi
这 问：凭借 来：完成 女儿：属人称3 说：副动 哎 爸爸 那 你 那样 叹气：副动

ɐmeko　kitɕɐ?　tɕhi ɕtɕun khun jɐːn　mite-kuni　tɕhi kɐʁ-tɕi　ɕtɕi-kui　kitɕɐ.
怎么了（联动）你 女儿 人　怎么 知道：副动 你 出：副动 去：副动（联动）

thin-kulɐ　ɕtɕun-i　　kɐʁe ri-tɕɐ,　kɐʁe ri-sɐ　ɐpɐ-ni　　teron
那样：副动 女儿：属人称3 出　来：副动　出 来：副动 爸爸：属人称3 就

niketi ɐmu sirusile-tɕi　niketi sɐtɕili-nɐ　pei. the ɕtɕun-i　　jen ski-ltɕi
一下 怎么 叹气：副动 一下 摇头：副动 呗 那 女儿：属人称3 再 问：副动

ko jen skɐ-lɐ　ɕɐ ɐpɐ　nɐ tɕhi khile jɐːn　ɐmekitɕi thikinki jɐːn　inken kɐʁ-tɕɐ　kitɕɐ?
话 再 问：凭借 去 爸爸 那 你 说　怎么 为什么 那样　什么 事情 出：副动（联动）

ɐi ti　tɕhime khile-sɐ　tɐ ɐron　ʋɐ jɐ　kitɕɐ. ɐi tɕhi khile pei khile tɐ pu
哎 然后 给你　说：副动 也 白白的 是 呀（联动）哎 你 说　呗 说　也 我

ʋɐrkitɕe tɕhimɛ nukhorki ʂtɛ-sɛ　　tɕhoŋ pɛi kitɕe.　　ɐi jɛːŋki kui　niutur pu kɛtɛ　kɐr-tɕi
可能　给你　帮助　会:副动 成　呗（联动）哎　怎么　没有　今天 我　外面　出:副动

ri-se-ki,　　　　khiti　ɛte　theŋɕɛlɛ-nɛxɛ　pu tɛ nike theŋɕɛlɛ-ʋɛ,　nike theŋɕɛlɛ-sɛ
来:副动-单数　几个 爷爷　交谈:副动　我 也 一 交谈:陈述 一 交谈:副动

kɛn-xki　muni kɐr-sɛ　theŋɕɛlɛ-ku　phutɕhek khile-ɕɛ pɛi,　tɛ　kʋɛ　pɛi pu jɛːn　ko
他:复数 我的 家:从 交谈:副动　书　　说:副动 呗 我们 没有 呗 我 什么 话

kui　thiŋki-tɕe.　to　mɛkhɐ ɐʋu-lɛ　　ri-kunɛ　pɛi kitɕe.　ken ɕtɕun-i
没有 那样:陈述　现在 马上　拿:副动 来:副动 呗（联动）他 女儿:属人称3

niŋki-tɕi　nike muːlɛ-ni,　ɐi ɛpɛ　tɕhi uro　uro　uro　tɕhi sɜu　to　pu khile-jɛ　kitɕe.
这样:副动 一　想:副动　哎 爸爸 你 进去 进去 进去 你 坐 现在 我 说:祈使（联动）

tɕhi khile ʂte mu　kitɕe　then-i　jɛːn ɐte-kunɛ　tɕhi uro　uro　kitɕe.
你 说 会 吗（联动）那:宾 怎么 不会:副动 你 进去 进去（联动）

然后他就这样低着头回到了家。来到家一进门就唉声叹气，然后女儿就问，爸爸你为什么叹气，怎么了？你个女孩子知道什么，你出去。女儿就那样出去了，但爸爸就一直摇头叹气呗。女儿又来问，爸爸到底怎么了？出了什么事？跟你说了也没用啊。你说吧，我可能会给你一些帮助呢。那就行吧，哎，怎么说呢，我今天去外面逛了，几个爷爷在聊天，我也去聊天了，聊的时候，他们就要看家里关于聊天的书呗，我们没有啊，我就无话可说了。现在马上要来拿了。他女儿就想了一下，哎，爸爸你就进去吧，我跟他们说。你会说吗？那怎么不会呢，你进去吧。

ti　ken tɕiu-nɛ　ʋɐrɛ-ni　te muɕi-nɛ　rɛ tinte sɜu-tɕe.　ɐi niketɕoŋ tinte-sɛ
然后 他 针:反 抓:副动 门 前:属人称3 来 等待 坐:陈述 哎 一会儿 等待:副动

ken tɕopteki ɐte　niŋki ri-tɕe,　rɛ-ni　khile-kunɛ ɐi ɕtɕun kitɕe. ɐmɛkitɕi
他 果然 爷爷 这样 来:陈述 来:副动 说:副动 哎 女儿（联动）怎么了

ɐte　kitɕe?　thɐ-ne　ɐpɛ ʋɛinɛ nu kʋɛ　kitɕe?　ɐjo　tɐni ɐpɛ　kʋɛ pɛi.
爷爷（联动）你们:领 爸爸 有　吗 没有（联动）哎呀 我的 爸爸 没有 呗

ne thɐ-ne　ɐpɛ ɐntɕi kɐrɛ ɕtɕe?　tɐni ɐpɛ pɛke ken ɕiutire fure pɛke-lɛ
那 你们:领 爸爸 哪里 出 去 我的 爸爸 打 他 露水 种子 打:凭借

kɐrɛ ɕtɕi-tɕe pɛi.　tɕhi-ni　khun-i ɕtɕun-ti kule-kuni　ne nu? ɕiutire ɕiutire-ti
出 去:陈述 呗 你:领 人:领 女儿:位 说:副动 这 吗 露水 露水:位

entɕi fursɛ furɛ ri-nɛ kitɕe? nɛ ɛte theŋɕele-ku-ntɛ entɕi-sɛ
哪里 种子 种子 来：陈述（联动） 那 爷爷 交谈：副动－位 哪里：从

phutɕhek ri-nɛ kitɕe? ɛjo to lɛi? nɛ ɛte tɕiu xɛrtɛ ko tɛ tɕiu kui.
书 来：陈述（联动） 哎呦 现在 呢 这 爷爷 就 回答 话 也 就 没有

kiterku tɕiu xɛrɛ jɜu-ʋɛ ɕtɕe. jɜu-ʋɛni ɛte tɕirke ri-sɛ ɛte skɛ-tɕi
往回 就 回 走：陈述 去 走：副动 爷爷 旁边 来：副动 爷爷 问：副动

ɐi ɛʋuri ʂte ʋu kui kitɕe? jɛːn ɛʋu-tɕi ri-kuni ɕtɕi-sɛ te muɕi-ni
哎 拿来 会 吗 没有（联动）怎么 拿：副动 来：副动 去：副动 门前：属人称3 女儿

ɕtɕun tintɛ-ɕe ɕtɕun-ti-ni nike khile-sɛ uː keni ɕtɕun-i
等待：陈述 女儿：位－属人称3 一 说：副动 唔 他：领 女儿：属人称3

kule-tɕi sɛini-kulɛ, pu xɛri-n ko ɛtɛ-kuni re-tiʋɛ.
说：副动 好：比较级 我 回答：属人称3 话 不会：副动 来：副动

然后就拿着针线什么的在门口坐着等了。等了一会儿，果然一个爷爷来了，来了就说，哎，女孩。怎么了，爷爷？你爸爸在不在？哎呦，我爸不在呀。那你爸爸去哪里了？我爸去采露水的种子了。你这孩子在说什么呢？露水哪里来的种子啊？那爷爷，聊天哪来的书呢？哎呦，现在呢？这爷爷就回答不出话来了。就走回去了。回去之后爷爷们就凑过来问，有没有拿过来呀？怎么拿来呀，去的时候他女儿在门口等着我，她女儿很能说，我回答不上话就回来了。

thire-sɛn ɛte niketi phusɛ kɛr-tɕe ɛmu tɕhi to nɛ ɕire reʋɛ-ti thiki
那边：形动 爷爷 一下 起身 出：陈述 啊蓦 你 现在 那 黄 头发：位 那样

ɕtɕun-ki-ni kule-tɕi khutɕhi-lɛ ɛtɛ-ku-sɛ pu ɕtɕi-je kitɕe.
女儿：宾－属人称3 说：副动 赢：副动 不会：副动－副动 我 去：祈使（联动）

nɛ ti tɕhi ɕtɕi. then-i tɕenthok xotɕi-li-nɛ kuli-lɛ ri-tɕe kitɕe,
那 然后 你 去 她：宾 一半 嘴巴：凭借－反 说：副动 来：副动（联动）

ti kɛr-tɕi re-m ɛte tɕenthok-xki xotɕi-nɛn-i tɕheːltsi-lɛ nike nɛːlkɛ-ni ɕtɕe
然后 出：副动 来：陈述 爷爷 一半：领 嘴巴：反－宾 纸：凭借 一 粘：副动 去

sɛ ɕtɕun te muɕi-nɛ tintɛ-ɕe. ɐi ɕtɕun kitɕe. ɛmekitɕe ɛte kitɕe.
刚才 女儿 门前：反 等待：陈述 哎 女孩（联动）怎么了 爷爷（联动）

the-ne ɛpɛ lɛi kitɕe? ɛjo teni ɛpɛ tsoxɛ-ri theri-nɛ pɛi kitɕe.
你们：领 爸爸 嘞 （联动）哎呦 我的 爸爸 灶：向 种：陈述 呗（联动）

tsoxɐ-ɾi	jɛː-li	thɐɾi-nɐ	kitɕe?	ɐːsi-lɛ	thɐɾi-nɐ	kitɕe.	ɐːsi-lɛ	thɐɾi-tɕɐ
灶：向	什么：凭借	种：陈述（联动）		牛：凭借	种：陈述（联动）		牛：凭借	种：陈述

ɐːsi thoko-ɾi	pɐː	jɔu-kunɐ	kitɕe.	ti	ɐːsi thoko-ɾi	pɐː-tɕɐ	ɐːsi-ni
牛锅：向	拉屎	走：副动（联动）		然后	牛 锅：向	拉屎：陈述	牛：领

kuɐntɕesi-ni-ni	tɕɐn	tɕɐnthok.	kuɐntɕesi-ni-ni	tɕhɛːltsi-lɛ	nɐːlkɐ	kitɕe,
屁股：宾-属人称3	半	一半	屁股：宾-属人称3	纸：凭借	粘：使动（联动）	

the	ɐmɐkitɕi	pɐː-lɛ	ɕtɕi-kuni	kitɕe.	ɐjo	ɐte-ti	nikɐti	kui	ko	kule ɕtɕi-tɕɐ.
那	怎么	拉屎：副动	去：副动（联动）		哎呦	爷爷：位	一下	没有	话	说 去：陈述

ɐmɐ	ti	ɕɐ	tɕɐ	ɐte-xki-ti	nikɐ niŋkitɕi khile-sɐ,	ɐte-xki	ɐmu nɐ
啊嘛	然后	去	这	爷爷：复数-位	一 这样 说：副动	爷爷：复数	啊摹

ɕtɕun	kule-tɕi	sɐinɐ sɐinɐ,	nɐn-i	kule-tɕi	khutɕhilɐ ɐte-kunɐ	kitɕi	thiŋki-tɕɐ.
这	女孩 说：副动	好 好	这：宾	说：副动	赢 不会：副动（联动）		那样：陈述

那边的爷爷出来说，你没说过那黄毛丫头就回来了，那我去。那你去。说她只用半张嘴，然后爷爷就用纸粘上半张嘴巴过去了。刚才的女孩儿还在门口等着呢。哎，姑娘。怎么了？爷爷。你爸爸呢？哎呦，我爸爸在灶里种东西呢。灶里用什么种田？用牛种田呢。用牛种，牛往锅里拉屎呢。牛在锅里拉屎的话就把它屁股的一半用纸粘上，它就拉不了屎了。哎呦，爷爷一声不吭地走了。回去之后跟爷爷们这样一说，爷爷们感叹这女孩说得厉害，说得好，说不过她呀！

(刁荣讲述，2015年8月29日)

10-1 ◆ 2017年8月7日调研团队在互助土族自治县威远镇土族文化馆前合影

一 老地方，新征程

十年前，我随同中国社会科学院的呼和研究员第一次踏上这片开满油菜花的土地，当时我还是一个刚刚大学本科毕业的学生。从那之后，我与互助的故事便开始延续下来了，几乎每年都会来到这里学习和调查，也正因如此，我结识并了解了在这一方土地上生活的土族人民以及他们的淳朴善良。以往，我都是以一个学生的身份在这里进行调查研究，而这一次我则是以一名教师的身份，带着自己的学生来到这里。对我来说，这段旅程的意义与之前是截然不同的，对我的学生们来说也是一次神奇的邂逅。它不仅让我更进一步了解了这一方土地所具有的独特的民俗文化，也使我更加深刻地认识了土族人民质朴的内心。

互助土族人民对蒙古族有一种特别的情愫。自称"蒙古勒"（意为蒙古）或"察干蒙古勒"（意为白蒙古）的他们，为我们的调查工作提供了极大的便利。每到一户土族人家，我们都会被他们热情招待得不知所措。不管我们到哪一户人家做客，都会有迎客的馍馍端上桌。谁自己不主动拿馍馍，他们就会拿给谁，如果我们放下馍馍，他们会再次拿给我们。杯中的清茶也像他们对待客人的热情一样，满满当当。慢慢地，气氛一到，一家之主便会端上托有三个酒盅的盘子为你敬上三盅酒，以表示对来宾的欢迎和祝愿。可以非常肯定的是，调查过程中若没有土族人民的大力配合和热心帮助，我们的调查工作也很难如此顺利地进行下去，我们也非常庆幸能碰到如此热心的人们。

二 崭新挑战，摸索前行

刚开始，我们对于这次的田野调查几乎是一头雾水。此前我虽做过有关土族语言调查的项目，但没有如此复杂。由于缺乏此类调查经验，我们遇到了很多难题，绕了很多弯路。刚开始，因为急于投入调查，忽视针对性和目的性，不管三七二十一，见到什么就拍什么，拍了有用没用的一大堆，不仅没能拍到真正需要拍的对象，还因匆忙拍摄的缘故，致使拍出来的照片不达标，使整个调查工作的效率大大降低。另外，因为项目组成员缺乏拍摄此类照片的经验，对相机的使用也不太熟练，所以在拍照实践中遇到一些问题无法及时处理，甚至不能发现问

10-2 ◆ 2017年8月6日调研团队与发音人刁荣先生录音

题。2018年暑假期间调查时，我们借到了新的相机。可当时因为疏忽，我们没有检查相机里的设置与参数，以致新相机拍出来的照片也都没达到项目标准。好在我们返校前及时发现了这个问题，几个人分头行动，故地重游，重新收集才算补救成功。语料录音的蓝色背景布也曾让我们经历过一次"恐慌"。在我们准备去当地文化馆布置录音场地的时候，发现我们自带的蓝色背景布褶皱不堪，根本达不到语料收集所需背景布的条件。为了不拖延工作进度，我们拿着背景布到处找裁缝店，就为了熨平它。可是由于布料较硬且无弹性，稍有弯折就会出现折痕，根本没法使用。所以我们便想了另一个办法——在互助县城内寻找可以替代它的背景布。我们一行人分头行动，将互助县进行了一次"地毯式搜索"，可县城有限的资源无法满足我们的要求。无奈之下，超日雅与汗噶日前往西宁寻找。偌大的城市让他们二人不知所措、无从下手，只能奔着西宁最大的布料批发市场去。但是布料市场中几十个商铺，几百种布料里就是没有我们所需的那一种。正当大家都失策茫然的时候，一个办法涌上了我的心头——为什么不买个熨斗现场熨平原来的蓝色背景布呢？我们便去超市买了一个电熨斗，回到录音棚熨了起来，还别说，效果真的不错，即熨即挂，也不会有褶子。给超日雅和汗噶日打电话告诉他们这个消息时，电话那端的他们也是哭笑不得。

调查工作中主要承担拍照和视频资料采集任务的是汗噶日和超日雅。若没有特别的任务，

10-3 ◆ 2017年8月7日土族婚礼传承人董思明先生在讲述婚礼内容

他们俩每天都会背上相机下乡进村，拍这拍那，与村民聊天交流，感受当地人民的风土人情。有时候在没有校对单词任务的时候我们也会一起下乡。村里光着屁股在小河里玩耍的孩子们、蜜蜂穿梭飞舞的油菜花田、参加土族特色的婚礼等这些经历以及在工作过程中闹出的笑话都为我们的下乡调查增添了不少乐趣。更重要的是因该项目的要求，我们的调查工作涵盖了从野外山田到村寨住户、从庭院房顶到厨房炊具、从耳坠首饰到衣帽鞋袜、从婚育丧葬到生活习惯的方方面面，这也让我们更加深刻全面地了解了土族人民的生活方式及风俗习惯，对项目组每一位成员来说都是一段难忘的经历。

三 记忆犹新的过程，收获颇丰的结局

谈起下乡调查走访，我们不得不提东沟乡大庄村的麻宝柱阿爹（爷爷）一家和胡宗显阿爹一家。麻宝柱阿爹和胡宗显阿爹二人是村里有名的"知识分子"，对于土族文化的了解程度在村里恐怕很少有人能和这两位老人相提并论，而且更值得我们庆幸的是，他们为我们的调查工作提供了极大的便利和支持。每次来到他们两家，都会有馍馍吃、有茶喝，不管我们问什么，他们都会耐心地回答。我们提到哪些物品是需要拍照的，不管有多难找，只要是他们

10-4 ◆ 2017年10月4日调研团队与土族"轮子秋"传承人胡宗显夫妇合影

两家有的,他们就会二话不说给我们找出来。其间因为我们工作的失误和疏忽,导致之前所拍的照片遗失或者不达标,我们厚着脸皮请求他们一而再再而三地重新翻找,他们也不会感到厌烦,而是很有耐心地又翻箱倒柜找出来让我们拍照,这使我们每个人都心怀感激。拍摄照片和视频过程中,我们经常遇到的问题是相机的镜头无法精确对焦较小的物体,从而造成照片不够清晰或者拍摄对象距离太远的情况。像戒指,耳坠等的拍照环节耗费了我们相当多的精力,才最终将它们"拿下"。因为每一张照片,每一帧视频都是经过我们的实践才得到的,所以我们对每一个照片和视频的来历都非常熟悉。可如果要让我挑出拍摄视频和照片经历中最难忘的一次,土族婚礼那次一定入选。我们在互助的调查时段几乎都是在暑假期间,而土族婚礼大多是在春节期间举办,所以在整个调查环节接近尾声的时候,婚礼部分的照片和视频几乎是一个零的状态。这让我们几个都感到非常焦虑。就在2018年临近暑假结束,调查也要告一段落的时候,我们打听到了两户即将举行婚礼的人家。意想不到的是,这两家的婚礼还各有不同,一个是入赘婚姻,另一个是传统婚礼。两家举行婚礼的时间也是在同一天。婚礼前一天晚上我们分成了两组,我和太平、超日雅为一组,十点左右租车奔向了索卜滩婚礼的女方家,等待凌晨男方迎亲队伍上门。随着夜深人静和飘飘细雨的停歇,女方家的送亲人开始聚集,准备男方迎亲队伍到来时所需的茶饭用品。对于第一次正式参加土族婚礼的我们来说，那等待是令人兴奋激动的，也是漫长的。迎亲队伍一来，早已准备好"武器"的我们就冲了出去，生怕会错过哪个细节。那一晚，留在我脑海里最深刻的印象有两点：婚礼的过程和拍摄作业的挑战性。婚礼的步骤烦琐，细节较多，而我们的设备数量和功能有限，需要同时兼顾的较多，有时更是需要两边跑。忙碌当中，我们不知道踩了多少次泥。天亮时才发现我的鞋已经是脏得面目全非了。深夜两点多，婚礼仪式稍稍闲下来的时候，我们终于有点时间可以稍作休息。男主家的阿姨在阳台的圆桌上为我们三人盛上了热气腾腾的奶茶，这也成了我们抵御青海雨后凉夜的暖身剂。喝完奶茶，我们三个便在圆桌旁的沙发上睡去了。睡醒，继续忙碌……到第二天的下午，婚礼大致结束，我们才得以回宾馆休息。醒来后，赴北庄婚礼的奈日斯格和乌日根也已经回到了宾馆。回来时他们已经被土族人民的热情所折服。他们说，仿佛这已经不是土族人民的婚礼，而是招待他们俩的宴席了。

除了走访村寨，收集资料，另外一件要事就是录音。录音工作主要由我、太平和奈日斯格完成。录音工作开始之前，我们调查组的乔志良老师进行了十多天的单词翻译校对和文化解释等工作。乔老师退休前曾担任互助县民语办主任，长期从事土族语言文字工作。调查期间，乔志良老师几乎一直陪同着我们，帮助我们收集、校对单词，解释文化习俗和引荐人员，立下了"汗马功劳"。准备好发音语料后，我们在乔老师的帮助下联系到了当地的文化馆，并获得了文化馆录音棚的租用权，对于录音工作来说，录音棚无疑是最佳场地。以前的录音工作常常被"鸡鸣狗叫"打断，不仅阻碍录音进度，而且影响录音效果。现在好了，不必怕"鸡鸣狗叫"了。但是，就在我们兴致盎然，准备去录音棚布置场地的时候，前面提到的"背景布事件"给我们带来了"小插曲"，好在并没有耽误太多时间就解决了问题。

发音合作人刁荣阿嘎（哥哥的意思）在录音这方面是个"老手"。因为以前当过我博士论文的语料发音人，所以在语料发音这方面较有经验，知道该怎么做，怎么发音和怎么控制时间。录音开始以后几个人的配合越来越默契，进度可观。每天早上从九点开始，中午十二点左右去吃午饭，再回来录到下午六七点。这样的效率，我们每个人都暗自高兴，想着没几天就可以把录音工作完成了。但是，天有不测风云，录音工作进行到第三天的时候，我们突然发现忽略了摄像机设置里的一项参数。顿时，寂静的录音棚被每个人的无奈和懊悔填满了。但又能怎么办呢？只得设置好参数后重新开始。有了这次的"前车之鉴"，我们本应该充分吸取这次的教训，可令人哭笑不得的是，我们几乎在同一个地方摔倒了两次，造成了上面提到的"照片事故"。这是很不应该的啊。

录音从头开始以后，大家都快马加鞭，努力把之前的时间尽可能地补回来，把损失降到最低。有了之前的经验，不但进度更快了，质量也更高了。作业的效率虽然提高了，但在那个四周墙壁覆盖了海绵板的封闭空间里，谁坐久了都会觉得腰酸背痛，闷热困倦，更何况发音人是在衬衫外穿戴着民族服饰进行发音作业的，难度可想而知。所以每录制一个小时左右，大家都需要休息一下。然而，录制工作虽然辛苦，但也会有一些非常欢乐的时刻。每天中午临近午餐时，有人的肚子就会开始表示不满，发出"咕——"的声音阻止录制的正常进行，这让大家笑到脸红岔气肚子疼。肚子抗议成功后，我们就会"无奈"地走向饭馆，填饱我们空虚的胃。午饭过后，我们会稍稍休息一会儿再重新投入战斗状态。但是胃满足了，我们的大脑又开始拒绝配合，上下眼皮努力靠拢，四五张嘴哈欠连天。还有一件记忆非常深刻的事情，就是在录制日常生活类词语时，发音人突然一声"咕咕"的叫鸡声打破了录音棚的宁静，逗得我们几个捧腹大笑，前俯后仰，困意和疲倦也都被这笑声赶得无影无踪了。

此外，在互助县需要特别提到的就是"彩虹部落土族风情园"。我们刚到这个地方的时候，乔志良老师领着我们来到了"彩虹部落土族园"。据官方介绍，它是以土族文化为主题，集游览观光、休闲度假、民俗风情、宗教体验为一体的综合性旅游景区。在这里，人们可以详细地集中了解土族的历史文化、宗教文化、民俗文化以及当地的青稞酩馏酒文化。的确，事实上也是这样的。"土族园"的存在让我们省了不少东奔西跑收集照片视频的时间和工夫。那一次，托乔老师的福，我们免费逛了一次这座占地12万平方米的大型景区。此外，我们还见到了另一位给我们项目提供了大力支持的国家级非物质文化遗产土族婚礼仪式的国家级传承人——董思明老师。董老师为我们了解土族婚礼文化和生活习俗提供了不少帮助，可谓是功不可没。除此之外，因为有了他的帮助，在调查阶段，我们频繁出入景区，景区几乎成了我们的一个根据地。

虽说十年前我就开始接触并了解这里的土族人民和民俗文化，但是从没有像现在这般深入地了解过土族文化的方方面面，所以我和我的学生们都是收获颇丰的，也因为有了互助人民的热心帮助，我们的项目才能够圆满完成。我知道，这不会是我最后一次来互助，我与互助的故事还远未结束，但我确定这次"典藏"项目的故事一定会成为我最难忘的记忆之一。如今，本次"典藏"项目的故事就要告一段落了，希望互助土族人民的文化和习俗能够一如既往地保存和传承下去，祝愿土族人民的生活越来越富裕、幸福！期待我与互助的下一篇故事。

参考文献

互助土族自治县志编纂委员会 1993《互助土族自治县志》，青海人民出版社。

互助土族自治县地方志编纂委员会 2014《互助土族自治县志》，三秦出版社。

李克郁 1988《土汉词典》，青海人民出版社。

乔志良 2015《互助土族民俗文化》，青海民族出版社。

乔志良 2017《蒙古勒汗的子孙们》，青海民族出版社。

乔志良 2017《土族婚丧习俗》，青海民族出版社。

乔志良 2017《彩虹故乡》，青海民族出版社。

乔志良 2017《祁家延西》，青海民族出版社。

乔志良 2017《花袖衫的传说》，青海民族出版社。

乔志良 2017《青蛙的故事》，青海民族出版社。

照那斯图 1981《土族语简志》，民族出版社。

哈斯巴特尔等 1986《土族语词汇》，内蒙古人民出版社。

韩国君 2016《土族语音系研究》，中央民族大学博士学位论文。

索引

1. 索引收录本书"壹"至"捌"部分的所有条目，按条目音序排列。"玖"里的内容不收入索引。
2. 每条索引后面的数字为条目所在正文的页码。

A

矮墙	31
安召舞	218
鞍垫子	175

B

拔棍	211
拔萝卜	203
拔腰	209
耙田	156
掰手腕	208
白菜炒粉条	143
白毡帽	111
拜年	273
拜堂	242
板仓	50
板凳	85
板炕	83
伴娘	246
拌汤	130
包饺子	267
保暖井	53
爆炒土鸡	141
爆炒猪排	142
背篓	169
编辫子	200
扁担	166
播种	157
簸箕	167
布鞋	114

C

礤床	74
猜拳	196
裁缝	182
菜板子	76
菜园子	41
草垛	158
草房	25
草帽	112
插花礼帽	112
茶罐子	93
茶壶	92
察汗托斯	137

柴火	159	大窗户	39
铲子	170	大瓷罐	91
长案板	76	大门	36
长把扫帚	87	大木勺	79
长凳子	86	大纽达尔	116
长面条	132	大铁勺	79
炒菜瓜	141	大栅栏	35
炒大豆	147	单扇门	37
炒面盒	94	荡秋千	207
炒面勺	80	灯笼	88
炒面升	94	电报	202
城堡	45	雕花	183
持箭迎接	240	雕花大门	38
抽旱烟	199	雕花房	20
绸缎腰带	120	雕木	180
出殡	256	丢沙包	214
除夕包子	266	丢手绢	205
厨房	28	兜兜	109
锄头	166	斗	95
传宗接代	243	斗鸡	212
串珠耳坠	118	独木桥	56
炊帚	80	端盘	81
春联	265	对唱唐德尔格玛	235
瓷瓦盆	81		
刺绣	185	**E**	
刺绣鞋	113	儿童上衣	108
村庄	45	耳坠盒	121
搓线	184	耳坠链	118
D		**F**	
褡裢	174	发簪	117
达博腰带	120	房基	59
打醋炭	268	房碌碡	62
打捆	162	粪块模子	97
打扑克	201	风箱	70

封顶	61	狐皮帽	110
佛灯	225	胡萝卜	165
佛珠	226	胡同	44
服装店	188	壶	93
福禄杆子	240	护身符	226
		花卷	265
G		花坛	42
改发	237	花袖衣	106
盖头	246	花腰带	119
干菜	144	花云子鞋	113
干草	158	荒地	154
干牛粪	160	婚瓶	244
杆秤	188	火铲	70
赶麻雀	161	火堆	69
擀面杖	77	火钩	71
羔皮帽	111	火化	258
弓	191	火化炉	257
拱门	38	火祭	258
骨灰盒	259	火镰	96
馆子	187	火炉	69
锅	71	火盆	97
锅盔	133	火盆桌	86
锅刷子	80	火钳子	70
馃子	134	火锹	71
过家家	213	货郎	190
H		**J**	
哈达	257	芨芨草扫帚	88
汗衫	107	鸡毛掸子	89
旱烟	138	鸡窝	49
喝定亲酒	233	积肥	160
荷包	123	集市	200
褐腰带	120	忌门	251
黑毡帽	111	祭敖包	272
红缨帽	111	祭奠饼	256

323

祭祀台	223	烤土豆	147
加斯纽达尔	117	客厅	28
夹衣	103	空心饼	134
煎饼	135	锟锅	73
捡骨灰	259	口袋	173
剪纸	184	哭嫁	236
箭	191	哭丧	257
缰绳	176	库房	51
角房	24	筷筒	78
角楼	27	锟锅馍馍	132
饺子	266		
搅团	129	**L**	
叫忽热	238	腊肉	144
阶梯墙	34	老鼠尾巴	131
解绳子格	206	老鹰捉小鸡	203
金手镯	122	垒墙	59
经堂	222	犁	168
荆杈	170	犁地	155
敬酒	196	篱笆	36
敬酒迎接	241	立坟墓	259
酒缸	91	立门	63
酒壶	93	镰刀	168
酒窖	52	凉亭	44
酒坛子	90	粮桶	174
舅舅	242	两面坡	22
锯子	180	灵轿	253
聚餐	197	灵堂	254
		铃铛	175
K		流水槽	29
开口	243	碌碡	168
炕	83	楼房	23
炕洞门	82	楼桥	58
炕桌	85	楼梯	42
烤馍馍	133	漏勺	79
烤全羊	145	卤肉	142

轮子秋	215	磨坊	55
罗木托罗	238	磨盘	55
		木杯	94
M		木槽	96
麻花	135	木杈	170
马鞍	177	木槌	181
马镫	177	木碟子	80
马刮子	176	木房	23
马甲	102	木匠	178
马笼头	175	木马	181
马棚	48	木盘	80
玛尼杆	223	木盆	87
麦搓儿	140	木锹	171
馒头	128	木桥	57
茅厕	47	木桶	75
媒人	233	木碗	77
门扣子	39	牧羊人	190
门闩	39		
米饭	129	**N**	
棉袄	103	纳仁纽达尔	117
棉袍	102	纳什金	234
面锤	94	奶茶	138
面柜	50	男褐衫	104
面具	216	男裤	109
面片	130	男袍	105
面筛	173	泥板	178
面条	131	泥工	179
庙	221	念度母经	251
庙管	227	念佛	227
馍馍	128	酿酒	189
馍馍叉	81	酿皮	138
馍馍筷	81	鸟舌头	131
馍馍铺	187	拧手指	208
磨刀石	183	牛栏	46
墨斗	181	牛圈	46

牛尾掸子	88	泉	54
农用车	171	裙子	109
女长衫	107		
女褐衫	104	**R**	
女裤	108	热温子	131
女袍	104	肉包子	135
		肉铺	186
P			
耙子	169	**S**	
牌坊门	58	萨满	226
盘徽	134	萨满会	274
盘绣	184	萨满舞	216
陪嫁	234	萨日锅盔	132
皮袄	103	三个字	212
皮袋	174	徽子	134
皮靴	114	筛子	172
聘礼	232	晒粮食	162
平地	153	山田	152
平房	21	上橡子	62
坡地	153	上房台子	43
笸箩	167	上坟	268，275
破布衫	136	上梁	61
铺塑料膜	157	烧饼	133
		烧草	155
Q		烧火棍	71
旗子花鞋	113	烧钱马	269
起脊房	21	射箭	210
钱褡子	121	神龛	225
欠木舞	219	神树	221
墙	31	升	95
墙基	31	施肥	161
青稞	165	石槽	96
青稞酒	139	石雕	183
清扫	266	石臼	76
去村庙	271	石墙	33

石桥	57	提桶	75
石头剪刀布	213	剃发	252
手把羊肉	142	添茶	198
手巾	122	田地	152
手榔头	173	甜醅儿	140
手磨	55	跳方格	206
守护神	220	跳绳	204
守灵	254	贴钱马	269
梳头	200	铁槽	96
树皮篮子	95	铁榔头	178
摔跤	211	铁筛	173
水缸	91	铁勺	79
水窖	52	头巾	112
水井	53	头套	117
水渠	54	投石绳	176
说媒	232	屠夫	191
司仪	247	土豆包子	136
斯古尔玛鞋	114	土豆窖	51
四扇门	37	土坯	60
寺	222	土坯墙	32
送亲	239	土墙	32
送喜客	250	团拜	273
酥油茶	139	推刨	181
碎柴	159	推车	172

T

W

塔	224	挖土豆	163
塔勒哈	137	瓦	30
塔日格	137	瓦工	179
台阶	43	袜子	115
坛子	89	弯叉	172
堂屋	26	碗柜	78
糖包子	136	万佛亭	224
陶罐	91	万石堆	225
踢毽子	205	煨桑	272

煨桑炉	225	新娘	245
围墙	34	新娘褂子	246
卧室	27	新娘花袖衣	245
於菟舞	217	新娘装扮仪式	237
屋顶	30	新人敬酒	249
屋脊	29	新式房	22
屋檐	29	绣花鞋	114
		靴子	115
		雪古浪纽达尔	116
		血肠	143

X

吸鼻烟	199		
牺牲祭品	256		
喜客	250		

Y

喜客宴席	248	压手指	197
戏谑纳什金	236	烟囱	40
下棋	201	烟袋	123
献哈达	249	烟锅	122
献新馍	270	烟锅挖钩	122
箱子	92	盐罐子	74
项链	119	扬场	164
项圈	119	羊栏	49
小窗户	39	羊圈	48
小瓷罐	92	羊杂	146
小盒子	121	腰饰环	119
小木勺	74	窑洞	25
小木桶	73	勒鞋	113
小年	264	一面坡	22
小坛子	89	银杯	93
小栅栏	35	银耳坠	118
鞋垫	115	银戒指	123
谢媒	244	银碗	77
新房	247	印钱马	269
新郎	245	迎接纳什金	235
新郎冠戴	239	油菜花	164
新年茶	270	油灯	89

油坊	56	蒸箅	73
油缸	90	蒸笼	72
油坛子	90	蒸土豆	147
油桶	74	支摘窗	40
圆瓦帽	112	织布工	182
院子	41	织布机	185
熨斗	184	致辞	248
		周岁	252

Z

		猪圈	47
葬礼	255	猪内脏	145
灶	68	猪头肉	143
灶炕	82	竹篮子	95
灶门	68	煮大豆	146
灶神娘娘	220	煮肉	267
铡刀	169	柱子	30
榨油	189	抓石子	204
摘豆子	163	砖墙	33
毡房	24	转安召	241
毡帽	110	庄廓	20
毡靴	115	捉迷藏	202
毡子	84	钻狗洞	214
帐篷	26	座次	198
枕头	84	做法事	254
正月十五	275		

后记

2017年上半年,我将汗噶日、奈日斯格、太平、超日雅四人纳入"中国语言文化典藏"项目组,并在暑期一同前往青海省互助县,对土族语言文化进行了调查研究。我们的调查分工大致为两部分:语料收集整理及照片视频采编。由太平和奈日斯格主要负责语料收集整理工作,超日雅和汗噶日负责照片视频采编工作,我作为项目负责人则是两边兼顾,统筹规划和指导监督。

由于项目大纲要求调查土族特色的语言文化现象,包括房屋建筑、日常活动、农工百艺、婚育丧葬、节日、服饰、宗教信仰、说唱表演等方面内容,又涉及一年之中的各种节日节令,所以需要我们多次赴互助进行实地调查和核对,保证没有遗漏和错误。在调查阶段,我们几乎每天都在县城和乡下的村庄之间来回奔波,积极参与当地人民的日常活动。每日采集到的照片视频和文化资料也需要及时进行整理和归档。调查过程中困难和麻烦总是不可避免的。工作方法的不当、电子设备的设置错误、头绪思路的繁杂、不可预知的人情世故等等都曾是令我们一行人烦心不解的。但好在总有热心的土族人民给予我们理解和帮助,总是能让我们化险为夷,解决问题,排除困难。

乔志良老师、董思明老师、麻宝柱阿爹一家、胡宗显阿爹一家、胡平阿嘎、韩永胜阿嘎、大庄村、北庄村以及索卜滩村的村民们都是我们项目进程中不可缺少的一部分。没有他们积极协助,我们的调查定会遇到更多更大的困难,阻碍我们顺利前行。乔志良老师是土族,曾担任互助县民族语文工作办公室主任,是土族语文和土族文化方面的专家。他自始至终都给予了我们帮助,我们的项目取得了多大的成功,他就给予了我们多大的帮助。从到达互助的第一天起,到回京整理和归档资料,他一直都在帮助我们。他无疑是我们最心怀感激的人。还有他的学生董思明老师。董思明老师也对我们提供了极大的帮助。如果没有他的帮助我们就没有机会采集到一些非常重要的资料。大庄村的麻宝柱阿爹一家和胡宗显阿爹一家待我们也是犹如家人，给予的帮助也是至关重要的。还有发音人刁荣阿嘎和韩永胜阿嘎，要是没有他们的准确发音我们就不能顺利且高质量地完成录制工作。除此之外，我们需要感谢的还有大庄村、北庄村、索卜滩村的村民，还有互助县文化馆的工作人员，"彩虹部落土族风情园"的工作人员等一路上提供帮助的人们，没有他们热情的帮助，就不会有我们如今的成果。

"中国语言文化典藏"项目所涵盖的内容之广，难度之大远超我们的预想。虽然历尽重重困难，最终完成了该项目，但是由于时间、精力及能力所限，还存在诸多不足之处，还望大家批评指正。

韩国君

2020 年 1 月 9 日 记于北京

图书在版编目（CIP）数据

中国语言文化典藏. 互助土族语/曹志耘，王莉宁，李锦芳主编；韩国君等著. —北京：商务印书馆，2022
ISBN 978-7-100-21517-6

Ⅰ. ①中… Ⅱ. ①曹… ②王… ③李… ④韩… Ⅲ. ①土族语–研究–互助土族自治县 Ⅳ. ① H17

中国版本图书馆 CIP 数据核字（2022）第 139053 号

权利保留，侵权必究。

中国语言文化典藏·互助土族语

曹志耘　王莉宁　李锦芳　主编
韩国君　乔志良　奈日斯格　太平　超日雅　著

商务印书馆出版
（北京王府井大街 36 号　邮政编码 100710）
商务印书馆发行
南京爱德印刷有限公司印刷
ISBN 978-7-100-21517-6

2022 年 11 月第 1 版
2022 年 11 月第 1 次印刷
开本：787×1092　1/16
印张：21½

定价：280.00 元